UNA FAMILIA, UN LEGADO

MARÍA ISABEL RODRÍGUEZ

UNA FAMILIA, UN LEGADO

Por María Isabel Rodríguez

"El legado no se hereda... se construye con cada decisión, cada sacrificio y cada acto de amor."

Este libro nace del corazón de una familia que ha aprendido a caminar de la mano de Dios en medio de procesos, victorias, desafíos, risas, lágrimas y triunfos silenciosos.

Aquí encontrarás historias reales, reflexiones profundas y testimonios sinceros de una familia que decidió creerle a Dios, aun cuando el camino no siempre fue fácil.

Una Familia, Un Legado no es solo un relato familiar; es una invitación a reconocer el poder que hay en la unidad, en la fe, en la enseñanza generacional y en el amor que trasciende temporadas.

Este libro recoge las voces de:

- Osvaldo Rivera
- Osvaldo Xavier Rivera Rodríguez
- Yenismary Rivera-Caban
- Osvaldo Yariel Rivera Rodríguez
- Erick J. Caban
- Ashley Rivera

Cada uno aporta una perspectiva única, sincera y transformadora que enriquece el mensaje central: la familia es un diseño perfecto de Dios, creado para reflejar Su propósito eterno.

Bienvenido(a) a estas páginas...

Aquí no encontrarás perfección, sino crecimiento.

No encontrarás familias sin fallas, sino familias que se levantan.

No encontrarás religiosidad, sino fe viva.

Este es nuestro legado.

Y ahora, lo compartimos contigo.

PÁGINA DE CRÉDITOS

Una Familia, Un Legado

Por María Isabel Rodríguez

© 2025 – Todos los derechos reservados

Ninguna parte de esta publicación puede ser reproducida, almacenada o transmitida en forma alguna ni por ningún medio —electrónico, mecánico, digital, fotocopia, grabación u otro— sin el permiso previo y por escrito de la autora.

* * *

Autora:

María Isabel Rodríguez

Colaboradores especiales:

Osvaldo Rivera

Osvaldo Xavier Rivera Rodríguez

Yenismary Rivera-Caban

Osvaldo Yariel Rivera Rodríguez

Erick J. Caban

Ashley Rivera

Edición y contenido narrativo:

María Isabel Rodríguez y colaboradores familiares

Corrección y estilo:

Diseño de portada y concepto visual:

María Isabel Rodríguez

Fotografías y material gráfico:

Familia Rivera-Rodríguez

Publicación:

Autoedición independiente

Versión impresa y digital

AGRADECIMIENTOS

A Dios, por ser el fundamento de nuestra historia.

A nuestra familia, por ser el corazón del legado.

A la Iglesia El Legado, por caminar junto a nosotros en fe, amor y propósito.

ISBN:979-8-9934560-7-2

Primera edición – 2025

PRÓLOGO

"Cuando Dios hace de una familia, un testimonio"

Toda familia tiene una historia, pero no todas deciden contarla.

Algunas se esconden detrás de apariencias, otras prefieren olvidar sus procesos, pero hay familias —como la nuestra— que entendieron que los procesos también predican.

Una familia, un legado nació del deseo de compartir con transparencia quiénes somos: una familia imperfecta, pero rendida a Dios; marcada por la gracia, procesada por el fuego y sostenida por la fe.

No somos una familia diferente a la tuya.

Hemos tenido pruebas, desacuerdos, lágrimas y silencios.

Pero en medio de todo, hemos visto la mano de Dios restaurar, sanar y unir lo que el enemigo intentó dividir.

Este libro no busca mostrar un retrato perfecto, sino un camino real: el proceso de una familia que decidió permanecer firme, servir unida y dejar huellas que hablen más allá del tiempo.

Una historia escrita por todos nosotros

Cada capítulo de este libro nace del corazón de nuestra familia.

En estas páginas no solo encontrarás mi voz como madre y pastora, sino también la de mi esposo, nuestros hijos, y quienes Dios añadió para multiplicar el amor y el propósito en nuestro hogar.

Mi esposo, Pr. Osvaldo Rivera, es mi complemento en todo sentido. Su sabiduría, paciencia y amor son columnas que han sostenido este legado desde el principio.

A través de los años, hemos aprendido que el matrimonio no se trata de perfección, sino de pacto.

Nuestros hijos —Osvaldo Xavier, Yenismary y Osvaldo Yariel— son el reflejo vivo de la promesa de Dios sobre nuestra casa.

Cada uno con su carácter, sus dones y sus batallas, pero todos con una fe que crece con el tiempo.

Y hoy, con alegría, también compartimos este caminar junto a nuestro yerno, Erick J. Caban, y nuestra nuera, Ashley Rivera, quienes llegaron como respuesta a la oración y se han convertido en parte esencial de este legado familiar.

Erick, con su pasión por la música y su madurez espiritual, representa a esos jóvenes que aman a Dios con libertad y convicción.

Ashley, con su dulzura, su fuerza interior y su espíritu servicial, ha traído a nuestro hogar un toque de ternura y una fe silenciosa pero firme.

Ambos se han unido a esta misión con entrega, amor y propósito.

No son "añadidos": son hijos por promesa, parte de nuestra historia y pilares del legado que estamos construyendo para las próximas generaciones.

* * *

Una familia real, un propósito eterno

En este libro hablaremos de temas que las familias cristianas enfrentan día a día:

cómo criar hijos en medio de una cultura cambiante, cómo mantener la fe cuando hay diferencias, cómo amar sin religiosidad y cómo perdonar sin condiciones.

También abriremos conversaciones que muchos evitan:

¿Debe un cristiano ir al cine? ¿Podemos escuchar música secular? ¿Qué dice Dios sobre los tatuajes o la moda?

Son preguntas reales, con respuestas que nacen de la Palabra, pero también de la experiencia.

Nuestra intención no es imponer reglas, sino inspirar reflexión.

Queremos que cada familia que lea este libro entienda que el cristianismo no es una cárcel, sino una relación viva con Dios.

Y que el mayor testimonio que podemos dejar a nuestros hijos no es una imagen perfecta, sino una fe genuina.

* * *

El poder del legado familiar

Cuando una familia decide servir a Dios unida, el cielo se abre.

Cuando los padres oran, los hijos escuchan.

Y cuando los hijos permanecen, el legado continúa.

Este libro es una carta abierta a todas las familias que aún creen que Dios puede restaurar lo que fue dañado, sanar lo que fue roto y usar lo que parecía imposible.

No importa cuán lejos se haya ido alguien de casa, el amor de Dios siempre tiene el poder de traerlo de vuelta.

"Mas yo y mi casa serviremos al Señor."

(Josué 24:15)

De nuestra familia a la tuya

De parte de Osvaldo Rivera y María Isabel Rodríguez, junto a nuestros hijos Osvaldo Xavier, Yenismary y Osvaldo Yariel, y nuestros amados Erick J. Caban y Ashley Rivera, te invitamos a caminar con nosotros por estas páginas llenas de historia, fe, risas, lágrimas y propósito.

Este no es un libro solo para leer... es un libro para vivir.

Porque cuando Cristo está en el centro del hogar, el pasado se convierte en testimonio, el presente en adoración, y el futuro en un legado eterno.

Con amor, fe y gratitud,

La familia Rivera Rodríguez

Una familia, un legado.

CAPÍTULO ESPECIAL. UN AMOR CON PROPÓSITO: NUESTRO PACTO, NUESTRO LEGADO

Osvaldo — "El legado del amor y la fidelidad"

Mi esposo Osvaldo, conocido por muchos cariñosamente como Valdito, llegó a mi vida como un torbellino. Todo sucedió tan rápido que no hubo tiempo para analizar ni planificar; fue un encuentro divino que solo Dios pudo orquestar. Cuando miro atrás, entiendo que Él ya lo tenía en sus planes, aunque nosotros aún no lo sabíamos.

Lo que comenzó como algo inesperado se convirtió en una historia llena de procesos, caídas, aprendizajes y restauración. En nuestro otro libro Hoy soy más fuerte que ayer, contamos más a fondo nuestro testimonio, pero hoy puedo resumirlo en una sola verdad: si nuestro matrimonio ha permanecido, es porque Dios lo quiso así.

El Señor nos preservó con un propósito mayor —no solo para ser pareja, sino para ser instrumentos en sus manos. Lo que el enemigo quiso destruir, Dios lo usó para edificar. Lo que parecía un final, se transformó en un comienzo. Y hoy, después de tantas temporadas, puedo decir que nuestro matrimonio es un reflejo vivo de la gracia y la misericordia del Señor.

Osvaldo es un hombre reservado, pero de una fuerza interior admirable. Aunque no le gusta predicar desde el púlpito, su vida predica cada día con hechos. Es el motor silencioso de nuestra iglesia, quien coordina, organiza y sostiene en silencio lo que muchos ven funcionar cada semana. Su fidelidad, compromiso y amor por la obra son testimonio de su carácter y su fe.

Como padre, ha sido guía, apoyo y ejemplo. Como esposo, ha sido mi roca y mi complemento. Como hijo, ha honrado con amor y servicio. Y como pastor, muestra el amor de Cristo con su forma de vivir: con humildad, servicio y pasión por ayudar a otros.

En muchas ocasiones le he dicho que sin él este ministerio no sería igual. Su presencia no siempre se ve en los altares, pero su huella está en cada detalle, en cada proyecto, en cada victoria que Dios nos ha permitido alcanzar.

Sé que en el transcurso de este libro, él mismo compartirá más de su historia, sus pensamientos y sus experiencias en los intervalos de los capítulos, porque su voz también es parte del legado que Dios ha levantado en nuestra casa.

Nuestro matrimonio ha sido un taller donde Dios ha trabajado sin descanso. Ha sido un fuego purificador y un refugio de esperanza. Hemos aprendido que un pacto no se mantiene solo con amor, sino con compromiso diario, perdón y oración. Que no se trata de ser una pareja perfecta, sino de ser una pareja rendida ante Dios.

Hoy servimos juntos, criamos juntos, soñamos juntos. Y aunque aún estamos en construcción, sabemos que cada paso forma parte de un plan eterno.

Porque el matrimonio, más que una unión entre dos personas, es un ministerio que refleja la relación entre Cristo y su Iglesia. Y cuando se entiende así, ya no se trata sólo de convivir, sino de servir, edificar y dejar un legado que inspire a otros a creer que el amor verdadero sí existe, y que Dios sigue escribiendo historias que comienzan en la cruz y terminan en victoria.

"Cordón de tres dobleces no se rompe pronto."

(Eclesiastés 4:12)

* * *

La voz de Osvaldo

"Cuando miro hacia atrás, veo cuántas veces Dios nos sostuvo cuando parecía que todo se caía. No fue fácil, pero valió la pena. Aprendí que amar no es solo sentir, sino decidir. Que servir no siempre se trata de hablar, sino de actuar.

No soy predicador de micrófono, pero creo que cada persona tiene un llamado diferente, y el mío ha sido cuidar, servir y sostener desde el silencio. Amo a mi familia, amo la iglesia y sobre todo amo a Dios que me dio una segunda oportunidad.

A veces me preguntan cuál es el secreto de un matrimonio duradero, y yo siempre digo lo mismo: Dios. No los regalos, no las palabras, sino Su presencia. Hemos aprendido a entendernos en los silencios, a sostenernos en las pruebas y a celebrar los milagros.

He visto su fidelidad en los momentos más duros y su favor en los más hermosos. Y si algo puedo decir con certeza es que todo lo que tenemos y somos, es porque Dios nunca nos soltó."

Versículo que lo representa

"El que halla esposa halla el bien, y alcanza la benevolencia de Jehová."

(Proverbios 18:22)

CAPÍTULO ESPECIAL. NUESTROS HIJOS, NUESTRO LEGADO

Cuando pienso en la palabra legado, no puedo evitar mirar a mis hijos. Ellos son la evidencia más clara de que Dios ha sido fiel. En cada uno de ellos veo un pedacito del propósito divino, una huella de Su gracia y una promesa cumplida que sigue floreciendo con el tiempo.

Ser madre ha sido el ministerio más transformador de mi vida. Me ha enseñado más que cualquier púlpito, más que cualquier libro, más que cualquier conferencia. Porque en la crianza, Dios no solo moldea a los hijos... también moldea a los padres.

Cada uno de nuestros hijos ha traído una enseñanza única, un reflejo distinto del amor y la misericordia de Dios.

- **Osvaldo Xavie**r, nuestro primogénito, nos enseñó lo que significa ver nacer un sueño y formar carácter. Su pasión por la música, su sensibilidad espiritual y su fortaleza interior son testimonio de un llamado que, aunque todavía lucha por aceptar, sabemos que está sembrado en su corazón desde el vientre.
- **Yenismary**, nuestra segunda bendición, llegó como respuesta a la oración de su padre y como señal del favor de Dios. Su vida, marcada por un milagro en la infancia, nos recordó que el quebranto muchas veces es el terreno donde florece el propósito. Su liderazgo, su fe y su madurez espiritual son ejemplo para muchos.
- **Osvaldo Yarie**l, nuestro pequeño pastor lo declaramos por fe, fue la sorpresa del cielo que vino a llenarnos de vida y enseñarnos a depender aún más de Dios. Con él aprendimos la paciencia, la gracia y el poder de declarar las promesas aun cuando el proceso no se ve claro.

Juntos, representan el corazón de nuestro hogar. Diferentes, únicos, pero conectados por una misma herencia: la fe.

A veces me detengo a pensar que los hijos no solo heredan un apellido, sino una asignación espiritual. Ellos observan más de lo que escuchan, imitan más de lo que les decimos y se forman más en lo cotidiano que en los grandes momentos. Por eso, cada conversación, cada oración en familia, cada gesto de perdón o de amor deja una huella eterna en su espíritu.

Como padres, hemos cometido errores, hemos llorado, y también hemos reído hasta las lágrimas. Pero en cada temporada, Dios nos ha recordado que criar no es controlar, sino guiar. Que enseñar no es imponer, sino amar. Y que el verdadero legado no está en lo que nuestros hijos hagan, sino en quiénes lleguen a ser en Cristo.

Hoy puedo decir con gratitud que verlos crecer, servir, amar y seguir adelante —aun con sus procesos— es una evidencia de que la semilla que se sembró no fue en vano. El legado continúa.

"No tengo yo mayor gozo que este, el oír que mis hijos andan en la verdad."

(3 Juan 1:4)

ACERCA DE OSVALDO XAVIER

Osvaldo Xavier nació un 24 de enero en Puerto Rico. Desde el primer momento en que lo sostuve en mis brazos supe que había algo especial en él. Su desarrollo fue diferente al de otros niños: gateaba muy veloz, y a los 9 meses ya estaba caminando con firmeza. Desde pequeño fue muy ágil, curioso y precoz.

Recuerdo que siempre cuidaba cada detalle de su ropa, observaba todo con mucha atención y mostraba un carácter muy particular. Era travieso, sí, como todo niño, pero al mismo tiempo muy educado y centrado. Durante sus primeros años escolares se destacó por ser sobresaliente en sus estudios y siempre se distinguió por su creatividad y manera de expresarse.

El cambio llegó cuando nos mudamos a Estados Unidos. Allí Xavier comenzó a enfrentar retos en la escuela, especialmente con la hiperactividad y la adaptación. Fueron tiempos de lucha, de lágrimas y de oración. Y aunque en algunos momentos parecía escuchar más la voz de otros que la nuestra, como padres nunca dejamos de estar presentes, firmes y apoyándolo en todo momento.

En medio de ese proceso, su corazón por Dios nunca dejó de brillar. Xavier desarrolló una pasión por la música: toca la guitarra, el piano y canta con entrega. Ama a Dios con convicción, con una fuerza que inspira. También es amante del deporte, siempre dispuesto a dar lo mejor en cada actividad que emprende.

Hoy, Xavier es un joven adulto casado con una hermosa esposa, caminando en la vida con sus propias decisiones. Reconocemos que hay un llamado pastoral sobre él, aunque en este momento él mismo no lo quiera aceptar. Sabemos que el tiempo y la voz de Dios serán los que guíen su destino. Como padres, nuestra tarea es seguir confiando, apoyando y orando, porque estamos convencidos de que Dios cumplirá su propósito en él.

Versículo que lo representa

Ninguno tenga en poco tu juventud,

sino sé ejemplo de los creyentes en palabra, conducta, amor, espíritu, fe y pureza."**

— *1 Timoteo 4:12*

ACERCA DE YENISMARY

Nuestra segunda bendición, Yenismary, tiene un significado muy especial en nuestra historia familiar. Ella fue una petición del corazón de su padre a Dios. Recuerdo cómo él oraba con tanto anhelo por tener una hija, y cuando finalmente nació, su llegada llenó nuestro hogar de alegría, esperanza y promesas.

Desde el primer momento supimos que era única. Su belleza era solo un reflejo externo de la gracia y el propósito que traía consigo. Hubo un suceso en su infancia que marcó nuestras vidas; un accidente que nos hizo temer lo peor, pero también nos permitió ver el poder protector de Dios. A veces todavía nos preguntamos cómo sucedió, pero comprendimos que detrás de cada quebranto hay un llamado mayor. Aquello que parecía una tragedia se transformó en una confirmación: Dios tiene planes grandes con los que ha decidido restaurar y levantar.

Yenismary, al igual que su hermano mayor, siempre fue audaz, curiosa y determinada. A raíz del accidente comenzó a caminar un poco más tarde, pero eso nunca detuvo su espíritu. Desde pequeña demostró un talento especial y una sensibilidad profunda hacia las cosas espirituales.

Cuando nos mudamos a Estados Unidos, como familia enfrentamos muchos cambios, y ella también tuvo que adaptarse a un nuevo idioma, una nueva cultura y una nueva etapa de crecimiento. Pasó por procesos difíciles que probaron su fe, pero también la hicieron más fuerte. Con el tiempo, esas experiencias se convirtieron en testimonios de madurez y resiliencia.

Desde temprana edad comenzó a danzar en la iglesia. Lo que inició como una participación infantil se transformó en un ministerio poderoso, el cual hoy dirige con pasión, entrega y excelencia. Su liderazgo inspira a otros a adorar a Dios con libertad y reverencia.

Yenismary es una joven responsable, trabajadora y de una fe inquebrantable. Tiene un llamado grande sobre su vida, y aunque sabe que todo llega a su tiempo, permanece firme esperando la voluntad perfecta de Dios.

Hoy está casada con un joven maravilloso que comparte su fe y propósito. Además, es Directora de Agencia en una de nuestras empresas, demostrando que su talento y compromiso trascienden el ámbito ministerial. Sé que aún le faltan muchas cosas por vivir, alcanzar y conquistar... pero lo más hermoso es que cada paso lo camina tomada de la mano del Señor.

Versículo que la representa

"El Dios de toda gracia, que os llamó a su gloria eterna en Cristo, después que hayáis padecido un poco de tiempo, Él mismo os perfeccionará, afirmará, fortalecerá y establecerá." (1 Pedro 5:10)

ACERCA DE OSVALDO YARIEL

Nuestro tercer hijo, Osvaldo Yariel, llegó a nuestras vidas como una sorpresa del cielo. Muchos dicen que es "el consentido", y quizás tengan razón, pero más que eso, él es una manifestación del propósito de Dios en nuestra familia. Su llegada no fue planificada, pero sí fue perfecta dentro del plan divino.

Desde que nació, Yariel trajo una alegría especial. Su carácter vivaz y su espíritu curioso llenaron la casa de movimiento, risas y también de muchos desafíos. Ha sido el más travieso, el más inquieto y el que más nos ha enseñado acerca de la paciencia, la gracia y la fe.

Con Yariel experimentamos cosas que no vivimos con los otros dos. Él nos ha confrontado a nuevas etapas, nuevas emociones y nuevos aprendizajes. Pero aun en medio de sus ocurrencias, siempre hemos reconocido en él un corazón sensible y un llamado especial.

Desde muy pequeño comenzó a participar en la iglesia. Predicaba, cantaba y con su voz infantil nos recordaba que Dios puede usar cualquier vida, sin importar la edad. Muchos en la congregación lo conocieron como "el pequeño pastor", porque sin temor hablaba de Dios, oraba por otros y compartía su fe con una naturalidad que solo un niño lleno de Espíritu Santo puede tener.

Con el paso del tiempo, como todo joven, ha tenido sus altas y bajas. Hay días de entusiasmo y otros de silencio, momentos en que su corazón arde por Dios y otros en que parece más distraído. Pero lo que nunca ha cambiado es su temor al Señor. Sabemos que dentro de su proceso Dios está formando carácter, madurez y propósito.

Hoy Yariel sigue sirviendo al Señor, tocando la batería en la iglesia y aprendiendo a encontrar su lugar en el reino. Como padres, seguimos declarando sobre él las promesas que Dios nos dio: que será un pastor, un líder y un hombre que marcará su generación. Aunque a veces parezca que nos "mueve el cielo" con sus ocurrencias, jamás dejamos de declarar la Palabra sobre su vida.

Porque sabemos que aquel que comenzó la buena obra en él, la perfeccionará.

Versículo que lo representa

"Estad firmes y constantes, creciendo en la obra del Señor siempre, sabiendo que vuestro trabajo en el Señor no es en vano." (1 Corintios 15:58)

ACERCA DE ERICK (YERNO)

Cuando una familia crece, no solo se añaden nuevos nombres, sino nuevos corazones. Y cuando esos corazones aman a Dios, el legado se extiende. Así llegó nuestro yerno a nuestras vidas, no solo como el esposo de nuestra hija, sino como un hijo más que Dios decidió añadir a nuestra familia.

Desde el principio vimos en él un joven con un corazón noble, apasionado por la música y con deseos genuinos de servir. Su historia, su fe y su proceso de adaptación a nuestra familia reflejan el poder de la gracia de Dios para unir vidas con propósitos eternos.

Versículo que lo representa

"Porque yo sé los planes que tengo para ustedes —afirma el Señor—, planes de bienestar y no de calamidad, a fin de darles un futuro y una esperanza." (Jeremías 29:11)

* * *

ACERCA DE ASHLEY (NUERA)

Ashley llegó a nuestras vidas de una manera inesperada, como esas sorpresas que solo Dios sabe preparar.

Al principio era solo amiga de nuestra hija Yenismary, sin ninguna relación con nuestro hijo Osvaldo Xavier. Pero como suele ocurrir con los planes divinos, lo que parece una coincidencia muchas veces es parte del propósito.

Después de una simple conversación entre ambos, nació una conexión genuina —de esas que no se planean, sino que se sienten.

Y aunque al principio cada uno siguió su propio camino, Dios ya había trazado el destino.

Con el tiempo comprendimos que Ashley no llegó por casualidad, sino como una respuesta de Dios para completar una promesa.

En ella hemos visto una mujer dedicada, entregada, responsable y soñadora. Una joven que trabaja con excelencia, que ama profundamente y que honra los valores del Reino con su manera de ser.

Creemos firmemente que Dios la escogió para ser la esposa de nuestro hijo, no solo para acompañarlo, sino para ayudarle a crecer, servir y cumplir el propósito que el cielo depositó sobre su vida.

Ashley es y será una mujer de Dios, una ayuda idónea conforme al corazón del Señor, una hija amada que ahora forma parte esencial de nuestro legado.

Versículo que la representa

"Toda buena dádiva y todo don perfecto desciende de lo alto, del Padre de las luces."

(Santiago 1:17)

1
LA FAMILIA COMO INSTITUCIÓN DIVINA

Cuando hablamos de familia, no hablamos de una idea humana ni de una construcción social que apareció con el paso del tiempo. La familia es un diseño celestial. Dios mismo la estableció en el Edén como el primer modelo de amor, unidad y propósito en la tierra.

En Génesis 2:24 encontramos una declaración poderosa:

"Por tanto, dejará el hombre a su padre y a su madre, y se unirá a su mujer, y serán una sola carne."

Con esas palabras, el Señor selló la institución de la familia. No fue el hombre quien inventó el matrimonio ni los vínculos familiares; fue el mismo Dios quien lo estableció como parte de su plan.

La familia fue pensada como un lugar de refugio y protección, donde los hijos pudieran crecer en identidad y propósito. También fue diseñada como una representación visible del amor de Dios hacia su pueblo. La Biblia compara el matrimonio con la relación entre Cristo y la Iglesia (Efesios 5:25), mostrando que el hogar no es solo un asunto humano, sino un reflejo espiritual de algo mucho más grande.

El corazón de Dios en la familia

Dios diseñó a la familia con tres propósitos esenciales:

1. **Compañía y amor mutuo.** *"No es bueno que el hombre esté solo..." (Génesis 2:18).*
2. **Multiplicación y continuidad.** *"Fructificad y multiplicaos..." (Génesis 1:28).*
3. **Transmisión de fe y valores.** *"Instruye al niño en su camino..." (Proverbios 22:6).*
4. Cuando cualquiera de estas áreas se rompe, la familia siente dolor, porque va en contra del diseño original. Pero cuando permanecen vivas, la familia se convierte en una fortaleza contra cualquier ataque del enemigo.

* * *

El ataque del mundo contra la familia

Desde tiempos antiguos, el enemigo ha intentado destruir el diseño de Dios para la familia. Hoy lo vemos de muchas maneras:

- Ideologías que buscan redefinir lo que es un hogar.
- Entretenimientos que normalizan la infidelidad y la división.
- Una cultura que promueve la independencia extrema y el egoísmo por encima del compromiso y la unidad.

No es casualidad que los mayores ataques de este tiempo sean contra los matrimonios, contra la identidad de los hijos y contra la unión familiar. El diablo sabe que cuando una familia está fuerte, también lo estará la iglesia y la sociedad.

La familia como ministerio

Muchas veces los creyentes pensamos que nuestro primer ministerio es el que tenemos en la iglesia, pero la realidad es que nuestro primer ministerio es la familia. ¿De qué sirve predicar a multitudes si en casa nuestros hijos se sienten descuidados? ¿De qué sirve levantar altares públicos si no hemos levantado primero un altar en nuestro hogar?

La familia no es perfecta, pero sí es el taller donde Dios trabaja nuestros corazones. Allí aprendemos a amar, a perdonar, a tener paciencia, a servir y a dar ejemplo. Todo lo que vivimos en casa es el entrenamiento para todo lo que hacemos fuera de ella.

Reflexión personal

En nuestra familia hemos aprendido que no hay legado más grande que el que se construye en la mesa. Las conversaciones sencillas, las oraciones en conjunto, los abrazos en medio de un día difícil... todo eso predica más que cualquier sermón.

Como madre y pastora, he comprendido que Dios me pedirá cuentas primero por cómo cuidé a los míos, antes que por los logros ministeriales. Y por eso este capítulo no es solo un recordatorio, sino un llamado a volver al diseño original: valorar la familia como la institución divina más sagrada.

"Si Jehová no edificare la casa, en vano trabajan los que la edifican." (Salmos 127:1)

2
LO NORMAL Y LO ANORMAL EN UNA FAMILIA CRISTIANA

Vivimos en tiempos donde lo *anormal* se ha vuelto *normal*, y lo que Dios estableció como sagrado, el mundo intenta redefinirlo a su conveniencia. Pero cuando una familia decide vivir bajo los principios del Reino, debe estar dispuesta a caminar contra la corriente, con convicción, con fe y con amor.

Ser una familia cristiana no significa ser una familia perfecta, sino una familia que ha decidido poner a Dios en el centro. En nuestro hogar hemos aprendido que seguir a Cristo no nos hace diferentes en apariencia, sino en propósito. Somos humanos, con emociones, luchas, risas y desacuerdos, pero lo que nos separa del sistema del mundo es *quién gobierna nuestro corazón*.

* * *

¿Qué es "normal" en una familia cristiana?

Lo normal en una familia cristiana no es la perfección, sino la búsqueda constante de Dios.

Lo normal es pedir perdón.

Lo normal es orar juntos aunque estemos cansados.

Lo normal es tener diferencias, pero aprender a resolverlas con amor y respeto.

Lo normal es reír, celebrar y disfrutar la vida, sabiendo que todo lo que tenemos es un regalo de Dios.

"Pero yo y mi casa serviremos al Señor."

(Josué 24:15)

Esa declaración no implica ausencia de conflictos, sino una decisión firme: **a pesar de todo, serviremos al Señor.**

Lo anormal que el mundo quiere normalizar

El enemigo ha querido distorsionar el diseño de Dios para la familia. Hoy vemos cómo la sociedad redefine lo correcto, aplaude lo que antes era vergüenza y desprecia lo que antes era virtud.

- Se dice que la desobediencia de los hijos es "una etapa normal".
- Que el compromiso matrimonial es "una carga innecesaria".
- Que el respeto y la autoridad son "formas de control".

Pero el apóstol Pablo escribió:

"No se conformen a este mundo, sino transfórmense mediante la renovación de su mente."

(Romanos 12:2)

El hogar cristiano debe ser el lugar donde esa transformación comienza.

Preguntas que las familias cristianas se hacen hoy

En los últimos años, como pastores y padres, hemos recibido muchas preguntas que reflejan la confusión de esta generación:

- ¿Puede un cristiano ir al cine?
- ¿Es malo asistir a una fiesta "mundana"?

- ¿Puedo beber una copa de vino socialmente?
- ¿Está mal escuchar música secular?

Preguntas como estas no deben ser respondidas con legalismo, sino con **discernimiento espiritual**.

La Biblia dice en 1 Corintios 6:12:

"Todo me es lícito, mas no todo conviene; todo me es lícito, mas yo no me dejaré dominar de ninguna."

Esta es la clave. No se trata de si *puedo*, sino de si *me conviene*.

No todo lo que es permitido edifica. No todo lo que parece inofensivo fortalece tu fe.

Ir al cine no es pecado... pero depende qué estás permitiendo que entre por tus ojos.

Escuchar música secular no es pecado... pero depende de qué mensaje alimenta tu mente y tu espíritu.

Asistir a una reunión no está mal... pero depende de qué ambiente te rodea y qué testimonio reflejas allí.

Beber alcohol no siempre es una condena, pero si te controla, te destruye o te aleja de Dios, ya no es libertad: es atadura.

El problema no está en la acción externa, sino en la **intención interna**. Lo que contamina no es lo que entra, sino lo que sale del corazón.

Cómo ayudamos a las familias a entender esto

Como pastores, padres y líderes, tenemos la responsabilidad de **guiar, no de imponer**. No podemos criar familias que teman equivocarse, sino familias que aprendan a decidir con conciencia y madurez espiritual.

Ayudamos a las familias enseñando tres verdades esenciales:

1. **No somos del mundo, pero estamos en él.**
2. Jesús dijo: "No te pido que los saques del mundo, sino que los guardes del mal." *(Juan 17:15)*
3. No se trata de aislar a nuestros hijos, sino de enseñarles a brillar donde estén.
4. **La santidad no es encierro, es dirección.**
5. Ser santo no significa vivir apartado de todo, sino caminar en obediencia a Dios en medio de cualquier entorno.
6. **Educar es formar conciencia, no crear miedo.**
7. Cuando un hijo entiende por qué debe cuidar su

corazón, no necesitará que lo vigilen: sabrá elegir lo correcto por convicción, no por obligación.

Reflexión

El mundo cambiará, las modas pasarán, las opiniones se dividirán... pero la Palabra de Dios sigue siendo la misma.

Como familia cristiana, nuestro desafío no es mantener una imagen, sino reflejar un testimonio. Ser una familia "normal" en Cristo no significa vivir limitada, sino vivir con propósito, conscientes de que **la verdadera libertad no está en hacer todo lo que quiero, sino en hacer todo lo que agrada a Dios.**

Versículo central

"Si Jehová no edificare la casa, en vano trabajan los que la edifican."

(Salmos 127:1)

La voz de María Isabel

"*Como madre y pastora he comprendido que criar hijos cristianos no significa aislarlos del mundo, sino prepararlos para vivir en él sin perder su esencia. Prefiero un hijo que razone, que cuestione, que aprenda y que elija a Dios por amor, antes que un hijo que obedezca solo por miedo.*

El reto no es evitar el mundo, sino vivir en él con una mente renovada y un corazón firme en Cristo."

3
NUESTROS HIJOS, NUESTRA HERENCIAS

Pocos entienden lo que significa crecer siendo hijo de pastor. Muchos piensan que es un privilegio —y lo es—, pero también es una responsabilidad que a veces pesa más de lo que otros imaginan. Desde pequeños, los hijos de pastores aprenden a compartir a sus padres con la iglesia, a verlos servir, llorar, celebrar y en ocasiones, sufrir. Crecen bajo miradas, expectativas y juicios, muchas veces sin haberlos pedido.

Como madre y pastora, he visto de cerca cómo mis hijos han tenido que aprender a vivir su fe entre la humanidad y el llamado. A veces se les exige más, se les observa más y se les perdona menos. Pero también he visto cómo Dios ha usado esas mismas experiencias para formar carácter, madurez y propósito en ellos.

***

Entre el altar y el hogar

Los hijos de pastores viven una dualidad constante: el altar y el hogar. En casa son hijos normales, con risas, enojos y deberes escolares, pero fuera de casa son vistos como "los hijos del pastor".

A veces se sienten como si vivieran dentro de una vitrina, donde todo lo que hacen es observado y comentado.

He escuchado a mis hijos decir frases como:

- "Mami, todos esperan que yo sea perfecto."
- "Si me equivoco, la gente va a decir que soy un mal ejemplo."
- "A veces solo quiero ser yo, sin títulos ni comparaciones."

Estas palabras me recordaron algo esencial: **la gracia de Dios también es para los hijos de pastores**. Ellos no nacieron para cargar la imagen de una iglesia, sino para desarrollar su propia relación con el Dios de sus padres.

***

La Biblia también muestra hijos de líderes

Cuando leemos la Palabra, vemos que los grandes hombres de Dios también tuvieron hijos con procesos:

- Los hijos de Elí se desviaron del camino (1 Samuel 2:12), pero eso no anuló el sacerdocio.
- Samuel fue un profeta fiel, pero sus hijos no siguieron su ejemplo (1 Samuel 8:3).
- En cambio, Timoteo fue un hijo espiritual formado en la fe de su madre y su abuela (2 Timoteo 1:5).

La Biblia no oculta las realidades familiares; nos enseña que la fe no se hereda, se modela. Por eso, como padres, nuestro deber no es crear copias perfectas, sino guiar con amor, oración y ejemplo.

Preguntas que enfrentan los hijos de pastores

Con los años, nuestros hijos también han sido cuestionados por otros, y muchas de esas preguntas se repiten en todas partes. Aquí algunas de las más comunes, con reflexiones para responderlas desde la verdad del Evangelio.

1 "¿Por qué se espera más de mí?"

Porque las personas confunden *ejemplo* con *perfección*.

No se trata de ser más santos que otros, sino de entender que Dios nos da una posición de influencia.

Ser ejemplo no significa no fallar, sino aprender a levantarse con humildad.

> *"Nadie tenga en poco tu juventud, sino sé ejemplo de los creyentes en palabra, conducta, amor, fe y pureza."*
>
> *(1 Timoteo 4:12)*

2 "¿Puedo tener amigos fuera de la iglesia?"

Sí, claro que sí. Jesús mismo se rodeó de todo tipo de personas, pero nunca perdió su esencia.

La clave está en la influencia: ¿estás siendo luz o estás dejando que la oscuridad te apague?

Tener amistades del mundo no es pecado, perder tu identidad en ellas sí.

"Vosotros sois la luz del mundo..."

(Mateo 5:14)

3 "¿Por qué las personas critican si fallo?"

Porque muchos olvidan que los hijos de pastores también son humanos.

No todo error es rebeldía; a veces es parte del crecimiento.

El corazón de Dios no busca hijos perfectos, sino corazones sinceros.

"El Señor no mira lo que mira el hombre: el hombre mira lo que está delante de sus ojos, pero el Señor mira el corazón."

(1 Samuel 16:7)

4 "¿Puedo disfrutar de las mismas cosas que otros jóvenes?"

Sí, puedes disfrutar de la vida sin comprometer tu fe.

La diferencia está en los límites y en las motivaciones.

No todo lo que es "popular" edifica, pero todo lo que glorifica a Dios sí produce gozo verdadero.

"*Todo me es lícito, pero no todo edifica.*"

(1 Corintios 10:23)

El corazón de los padres

Como pastores y padres, muchas veces queremos proteger tanto a nuestros hijos que terminamos oprimiéndolos sin darnos cuenta. Aprendimos que el control no forma carácter, la confianza sí. Que no podemos ser sus jueces, sino sus intercesores.

Nuestros hijos no son una extensión del ministerio; son una extensión del amor de Dios en nuestra vida. Su llamado puede ser diferente, su proceso distinto, pero todos forman parte del mismo propósito eterno.

La voz de Osvaldo Xavier

"*Ser hijo de pastores ha sido un reto y una bendición. Hay días en que todo el mundo espera que seas un modelo, y otros en que quisieras pasar desapercibido.*

He aprendido que mi relación con Dios no depende del título que lleva mi familia, sino de mi decisión personal.

Amo la música, amo servir, pero sobre todo amo saber que Dios me ama aun cuando fallo."

La voz de Yenismary

"Crecer en una familia pastoral me enseñó que el llamado comienza en casa. He visto el sacrificio, el amor y también las lágrimas. Aprendí que ser hija de pastores no es un peso, es un privilegio cuando entiendes que eres parte de algo eterno.

No siempre fue fácil, pero hoy agradezco cada proceso, porque me formó para amar a Dios con libertad."

La voz de Yariel

"A veces me canso de que me digan "el pequeño pastor" (risas). Pero sé que mis padres creen en mí y eso me da fuerza.

A veces me alejo, pero siempre termino volviendo. Porque aunque no lo diga, sé que Dios tiene algo conmigo.

Ser hijo de pastores me ha enseñado que no tengo que ser perfecto, solo obediente."

* * *

Reflexión final

La vida de un hijo de pastor es un equilibrio entre el llamado y la humanidad, entre lo que el mundo espera y lo que Dios quiere.

Ellos también necesitan oración, comprensión y espacio para crecer.

Detrás de cada púlpito hay una familia, y detrás de cada hijo de pastor hay una historia que Dios sigue escribiendo con amor.

> "Instruye al niño en su camino, y aun cuando fuere viejo no se apartará de él."

(Proverbios 22:6)

4
PADRES E HIJOS EN LA IGLESIA

"Un solo corazón, diferentes generaciones"

En la familia cristiana, uno de los mayores retos no está en asistir juntos a la iglesia... sino en caminar juntos en la fe.

Como padres, muchas veces deseamos que nuestros hijos amen a Dios con la misma pasión que nosotros, pero olvidamos que el amor hacia Dios no se impone, **se inspira**.

He aprendido que criar hijos dentro de la iglesia es una hermosa bendición, pero también una gran responsabilidad. No se trata de formar creyentes por costumbre, sino de ayudarles a encontrar una relación genuina con Cristo. Cada hijo tiene su propio proceso, su ritmo, su manera de sentir y de acercarse a Dios.

* * *

La iglesia comienza en casa

Antes de ser pastores, somos padres. Antes de ser líderes, somos familia.

La primera iglesia que Dios nos confió tiene nombre y apellido: es nuestro hogar.

Orar en familia, conversar sobre la fe y vivir con coherencia predica más que mil sermones. Cuando los hijos ven que sus padres oran, pero también perdonan; que sirven, pero también ríen; que corrigen, pero también abrazan... entonces entienden que la fe no es una máscara, sino una manera real de vivir.

"Y estas palabras que yo te mando hoy estarán sobre tu corazón; y las repetirás a tus hijos..."

(Deuteronomio 6:6-7)

La enseñanza no se limita al altar: está en la mesa, en los consejos, en las conversaciones cotidianas.

* * *

Cuando los hijos se cansan de la iglesia

A muchos padres les preocupa cuando sus hijos pierden interés en los servicios, en servir o en participar. Pero debemos recordar que la fe también se renueva con el tiempo. Lo que para un adulto es convicción, para un joven puede ser rutina si no encuentra significado personal.

Forzar no es igual que formar.

Obligar no produce amor, produce resistencia.

Es cierto que debemos enseñar disciplina y respeto por la casa de Dios, pero también debemos permitir que nuestros hijos tengan un encuentro personal con Él.

A veces Dios los atrae por caminos que no son los nuestros, y eso está bien.

"Instruye al niño en su camino..." no significa "en tu camino", sino *en el que Dios tiene para él*.

Cómo mantener la conexión sin perder la autoridad

1. **Habla, no impongas.**

2. Escuchar la voz de los hijos es tan importante como enseñarles a oír la voz de Dios.
3. Las conversaciones sinceras abren puertas que las órdenes cierran.
4. **Corrige con amor, no con enojo.**
5. La disciplina no debe humillar, sino redirigir.
6. Los hijos no siempre recordarán tus palabras, pero sí cómo los hiciste sentir.
7. **Reconoce tus errores.**
8. Cuando un padre pide perdón, enseña humildad y rompe barreras de orgullo.
9. La autoridad no se pierde por reconocer un error; al contrario, se fortalece.
10. **Celebra sus pequeños logros.**
11. Cada paso hacia Dios merece ser afirmado. Los hijos necesitan saber que los ves, los valoras y crees en ellos.
12. **Ora más de lo que hablas.**
13. Hay cosas que solo el Espíritu Santo puede hacer. Cuando ya no puedes convencer, intercede.

Padres que aman, hijos que confían

Un hijo que se siente amado, aunque se equivoque, siempre regresa.

El amor no debilita la autoridad; la sostiene. Cuando los hijos saben que su hogar es un lugar seguro, el enemigo pierde poder sobre ellos.

En nuestra experiencia pastoral y familiar, hemos aprendido que los hijos que se sienten comprendidos son los que más permanecen.

Dios no nos pidió criar hijos perfectos, sino hijos guiados. Y para guiarlos, debemos ser padres con el corazón en el altar.

Cuando sus decisiones nos duelen

Hay momentos en que los hijos toman decisiones que no entendemos, o que parecen apartarlos del propósito. Es en esos momentos donde más debemos reflejar a Cristo.

Jesús no se apartó de Pedro cuando lo negó; lo esperó. Tampoco rechazó a Tomás por dudar; lo enseñó. Así también nosotros debemos esperar, enseñar y amar.

"El amor todo lo sufre, todo lo cree, todo lo espera, todo lo soporta."

(1 Corintios 13:7)

Aun cuando parezca que se alejan, la semilla sembrada en su corazón siempre dará fruto a su tiempo.

La voz de Osvaldo (padre y esposo)

"Como padre y pastor he aprendido que no puedo exigir de mis hijos algo que yo no esté dispuesto a modelar. No puedo pedirles que oren, si no me ven orar; ni que respeten, si no ven respeto.

Ser padre dentro del ministerio me ha mostrado que no se trata de crear una imagen, sino de construir una relación.

Mis hijos no necesitan verme perfecto, necesitan verme fiel."

La voz de Yenismary

"De pequeña a veces no entendía por qué mis padres insistían tanto en que participara en la iglesia. Hoy lo entiendo: no querían que me sintiera obligada, querían que me sintiera incluida.

Ahora que también sirvo y guío a otros jóvenes, valoro ese esfuerzo. La fe se hereda con ejemplo, no con presión."

* * *

Reflexión final

La iglesia comienza en casa.

El altar no solo está en el templo, también está en el corazón de una familia que ama, perdona y se levanta unida.

El mejor legado que un padre puede dejar no es una herencia material, sino un ejemplo espiritual.

Y el mejor regalo que un hijo puede dar es seguir amando a Dios por elección, no por obligación.

"Y vosotros, padres, no provoquéis a ira a vuestros hijos, sino criadlos en disciplina y amonestación del Señor."

(Efesios 6:4)

5
CRISTIANOS EN UN MUNDO MODERNO

"Viviendo en la tierra, con el corazón en el cielo"

Ser cristiano en este tiempo es un desafío, pero también una oportunidad. Nunca antes el mundo había tenido tanto acceso a la información, la tecnología y la conexión global... y nunca antes había sido tan fácil perder el enfoque espiritual.

Hoy no vivimos en el desierto de Egipto, ni en las calles de Jerusalén. Vivimos en una era digital, rodeados de redes sociales, pantallas, modas, opiniones y tendencias. Pero aunque los tiempos cambian, **la verdad de Dios no cambia.**

Él sigue siendo el mismo, y su Palabra sigue siendo la brújula para cada generación.

Vivir en el mundo, sin pertenecerle

Jesús no oró para que sus discípulos fueran sacados del mundo, sino para que fueran **guardados del mal** (Juan 17:15).

Eso significa que Dios no nos llama a escondernos, sino a brillar.

Ser cristiano moderno no es vivir aislado ni desconectado de la realidad, sino aprender a **ser luz donde hay tinieblas** y a tener convicciones firmes donde otros se dejan llevar por la corriente.

Podemos usar redes sociales, disfrutar de la música, tener sueños profesionales, estudiar, viajar, emprender y disfrutar la vida, pero sin perder la perspectiva de que **todo lo que hacemos debe reflejar a Cristo**.

"Así alumbre vuestra luz delante de los hombres, para que vean vuestras buenas obras y glorifiquen a vuestro Padre que está en los cielos."

(Mateo 5:16)

La pregunta de esta generación: "¿Y qué tiene de malo?"

Cada generación tiene su propio tipo de lucha. En los tiempos bíblicos eran los ídolos, los falsos profetas y la persecución. En la actualidad, los ídolos no son de piedra, sino de pantalla; los falsos profetas no siempre están en el templo, sino en las redes; y la persecución ya no es física, sino moral y emocional.

Hoy la pregunta más común entre los jóvenes es:

"¿Y qué tiene de malo?"

¿Y qué tiene de malo ver esa serie, escuchar esa música, ir a ese lugar, o seguir a tal persona?

Y la respuesta no se mide por lo que está permitido, sino por lo que **alimenta el alma o la contamina**.

> *"Todo me es lícito, pero no todo conviene."*
>
> *(1 Corintios 6:12)*

Pregúntate siempre:

- ¿Esto me acerca más a Dios o me aleja de Él?
- ¿Esto edifica mi fe o la debilita?
- ¿Esto me domina o lo puedo dominar?

La madurez espiritual no se mide por cuántas reglas cumples, sino por cuánto discernimiento tienes para honrar a Dios en tus decisiones.

Música, entretenimiento y redes

La música tiene poder. No solo llena los oídos, también forma pensamientos.

Por eso, más que preguntar "¿qué ritmo tiene?", debemos preguntarnos "¿qué mensaje carga?".

El entretenimiento en sí no es pecado, pero cuando lo que vemos o escuchamos nos aleja del carácter de Cristo, deja de ser distracción y se convierte en desviación.

Y con las redes sociales, debemos tener aún más sabiduría. No todo lo que brilla es oro, y no toda influencia edifica.

Lo que publicamos habla más de nuestro corazón que nuestras palabras.

No debemos usarlas para compararnos o criticar, sino para **inspirar, compartir esperanza y reflejar luz**.

Cómo mantener la fe en medio de tanta confusión

1. **Define tus convicciones antes de que llegue la tentación.**
2. No esperes el momento de la presión para decidir lo que crees.
3. **Rodéate de personas que te eleven, no que te desvíen.**
4. La fe también se fortalece en comunidad. Las amistades correctas te acercan al propósito correcto.
5. **Aprende a decir "no" con madurez.**
6. No necesitas explicarte ante todos; quien tiene convicciones firmes no busca aprobación, busca dirección.
7. **Consume contenido que alimente tu espíritu.**
8. Si alimentas tu mente con la Palabra, tu corazón no se llenará del ruido del mundo.antente **conectado a tu iglesia y a tu familia espiritual.**
9. No hay crecimiento sin raíz. Y la raíz se sostiene en la comunión con otros creyentes.
10. **Enseñar a los hijos a vivir en el mundo**

Como padres y líderes, debemos enseñar a nuestros hijos que la fe no es encierro, sino dirección.

Dios no nos llama a vivir con miedo al mundo, sino con sabiduría dentro de él.

Nuestros hijos deben aprender a ser "diferentes sin sentirse extraños".

Deben saber que no hay nada malo en disfrutar la vida, mientras Cristo siga siendo el centro de ella.

"No ruego que los quites del mundo, sino que los guardes del mal."

(Juan 17:15)

Cuando ellos entienden esto, dejan de ver el cristianismo como una lista de prohibiciones, y comienzan a vivirlo como un estilo de libertad.

La voz de Yenismary

"Ser cristiana joven en este tiempo no es fácil, pero sí posible. He aprendido que puedo disfrutar la vida sin perder mi esencia.

No necesito seguir las modas para sentirme aceptada, porque ya fui escogida por Dios.

Cada día elijo ser diferente, no por orgullo, sino por convicción."

La voz de Osvaldo Xavier

"La música me conecta con Dios, pero también aprendí que no toda música alimenta el alma.

Vivo en un mundo donde todo se normaliza, pero sigo creyendo que ser diferente es mi mejor forma de honrar a Dios.

No quiero ser perfecto, quiero ser real, pero real con fe."

Reflexión

Ser cristiano en un mundo moderno no significa vivir en un museo de reglas, sino caminar con el Espíritu Santo como guía diaria.

La verdadera modernidad no está en seguir tendencias, sino en vivir con propósito eterno.

Y aunque el mundo cambie de valores, nosotros seguimos anclados a una verdad que no cambia: **Cristo sigue siendo el centro.**

"El cielo y la tierra pasarán, pero mis palabras no pasarán."

(Mateo 24:35)

6

TATUAJES, MODAS Y JUICIOS

"Cuando lo exterior no puede ocultar lo que hay en el corazón"

Vivimos en una generación visual. Todo se comunica con imágenes, apariencias, tendencias y estilos. Pero lo más peligroso que puede pasar dentro de la iglesia es **confundir apariencia con esencia**.

La sociedad moderna da más valor a cómo se ve una persona que a quién es realmente. Y lamentablemente, ese pensamiento muchas veces también se ha infiltrado en el pueblo de Dios.

Como pastora, madre y mujer, he visto de cerca este conflicto: jóvenes que aman a Dios, pero sienten que no encajan; padres que se preocupan por cómo sus hijos se visten o se expresan; creyentes que juzgan sin conocer el corazón.

Por eso este tema no se trata de moda ni de tatuajes, sino de algo mucho más profundo: **el discernimiento y el amor.**

No todo lo que se ve, define lo que es

Hay quienes piensan que una persona con tatuajes o con un estilo moderno no puede amar a Dios con sinceridad.

Sin embargo, la Biblia nos enseña en 1 Samuel 16:7:

"El hombre mira lo que está delante de sus ojos, pero Jehová mira el corazón."

Dios no escoge por apariencia. Él elige por disposición.

Jesús caminó con pescadores, cobradores de impuestos, mujeres señaladas y hombres sin reputación. Si el Señor se detuviera por la apariencia, ninguno de nosotros estaría aquí.

Eso no significa que todo sea permitido, sino que **el juicio no nos corresponde a nosotros, sino al Espíritu Santo.**

Solo Dios conoce el porqué detrás de cada historia, y muchas veces los que más juzgamos son los que menos entendemos.

* * *

Nuestra historia con los tatuajes

Cuando comenzamos en los caminos de Dios, **llegamos con tatuajes**. Éramos nuevos en la fe, con un pasado marcado, pero con un corazón dispuesto. En ese tiempo nuestros hijos aún eran pequeños, y nunca imaginamos que años más tarde ese tema volvería a tocar nuestra puerta.

Conforme fueron creciendo, **nuestros hijos comenzaron a expresar el deseo de tatuarse**. No lo hicieron por rebeldía ni por moda, sino porque querían reflejar algo significativo para ellos.

Como padres, oramos, analizamos la Palabra y conversamos con compañeros del ministerio. Finalmente, decidimos **permitirlo**, siempre y cuando lo hicieran con responsabilidad y discernimiento.

Les dijimos con amor:

"Si en verdad desean hacerlo, asegúrense de que lo que

elijan llevar en su piel glorifique a Dios y no contradiga Su Palabra."

Esa decisión **no fue fácil.**

Algunos allegados, incluso pastores, nos cuestionaron duramente.

Hubo comentarios, críticas y opiniones llenas de religiosidad. Pero entendimos que nuestro papel no era complacer a los hombres, sino educar con sabiduría a nuestros hijos y permitir que el Espíritu Santo guiara su conciencia.

Y hoy podemos testificar que **eso no cambió en nada la manera en que ellos aman y sirven a Dios.**

Ellos siguen firmes, fieles, apasionados, y con un corazón sincero delante del Señor.

Consejo para los padres

Queridos padres, **no críen hijos por miedo a lo que los demás dirán.**

No traten de aparentar perfección para cubrir un estándar religioso.

Críen hijos que amen a Dios, no hijos que le teman a ustedes.

Muchos jóvenes viven reprimidos, confundidos o inseguros, no porque no amen a Dios, sino porque **sienten que sus padres los aman más cuando "cumplen con las reglas" que cuando simplemente son ellos mismos.**

El amor de los padres debe ser el refugio, no la prisión.

Y si algo he aprendido en este caminar es que **la gracia transforma más que la crítica, y el amor sana más que la presión.**

* * *

La moda: expresión o distracción

La Biblia no condena la belleza ni la presentación.

Dios nos creó con identidad, creatividad y sentido estético.

El problema no está en vestirse bien, sino en **olvidar quién debe brillar.**

"Vuestro atavío no sea el externo de peinados ostentosos, de adornos de oro o de vestidos lujosos, sino el interno, el del corazón."

(1 Pedro 3:3-4)

Vestirse con decoro no significa ser anticuado; significa reflejar dignidad.

Ser cristiano no significa vestirse sin estilo; significa vestirse con propósito.

Dios no se opone a la moda, se opone a la vanidad.

La verdadera elegancia del Reino no está en la ropa, sino en el espíritu.

El peligro del juicio

Uno de los mayores errores dentro del cuerpo de Cristo es creer que tenemos derecho a juzgar.

Jesús fue muy claro en Mateo 7:1:

"No juzguéis, para que no seáis juzgados."

Juzgar a otros por su apariencia revela más del corazón del que juzga que del juzgado.

A veces la iglesia hiere más con palabras que el mundo con rechazo.

He visto jóvenes que se alejan del templo no por el pecado, sino por el juicio.

Y he visto líderes que se pierden en la crítica, olvidando que la misericordia triunfa sobre el juicio.

La verdadera santidad no señala, **abraza y transforma.**

Enseñando con sabiduría

Como padres y pastores, nuestra tarea no es imponer miedo, sino cultivar convicción.

Debemos enseñar a nuestros hijos a elegir lo correcto no porque "se ve mal", sino porque "no glorifica a Dios".

Cuando entendemos esto, dejamos de vivir para agradar a los hombres y empezamos a vivir para agradar al Padre.

La clave no está en la prohibición, sino en la **formación del corazón**.

* * *

La voz de Osvaldo (padre y esposo)

"He aprendido que los ojos humanos se engañan, pero el Espíritu nunca se confunde.

Dios me enseñó a mirar más allá de las apariencias, porque algunos de los mejores servidores que tenemos en la iglesia no encajarían en los moldes religiosos del pasado.

Prefiero una iglesia con jóvenes reales, con luchas, pero con hambre de Dios, que una iglesia llena de apariencias sin transformación."

* * *

La voz de Yenismary

"Como líder de jóvenes y ministra de danza, he aprendido que la santidad también se refleja en cómo nos presentamos.

No es un tema de ropa, sino de actitud.

Si mi forma de vestir inspira respeto y refleja la presencia de Dios, entonces estoy predicando sin hablar."

Reflexión

El Evangelio no se trata de apariencias, sino de esencia.

De nada sirve tener una imagen "correcta" si el corazón está lejos del Señor.

Y de nada sirve señalar a quien se ve diferente, cuando quizá Dios lo está usando de formas que no comprendemos.

"La misericordia triunfa sobre el juicio."

(Santiago 2:13)

La familia cristiana moderna debe aprender a mirar con los ojos del Reino:

a amar sin prejuicio, a corregir con ternura y a enseñar con verdad.

***

Oración

Señor Jesús,
gracias por enseñarnos que el amor siempre pesa más que la apariencia.
Enséñanos a criar hijos con libertad en Ti, no con miedo a los hombres.
Danos discernimiento para guiar, sabiduría para hablar y humildad para no juzgar.
Que en nuestra casa reine la gracia,
que en nuestra iglesia habite la misericordia,
y que en nuestros corazones viva la verdad.
Amén.

7
EL ATAQUE DEL MUNDO A LA FAMILIA

"Protegiendo el diseño original de Dios"

Desde el principio, la familia fue la primera institución creada por Dios. Antes que la iglesia, antes que el gobierno, antes que la ley... existió la familia.

Adán y Eva no fueron una casualidad: fueron el modelo divino del amor, la unidad y la multiplicación del propósito de Dios sobre la tierra.

Y precisamente por eso, **la familia es el blanco principal del enemigo.**

Satanás no teme a los templos llenos si los hogares están vacíos.

No le preocupa tanto un ministerio fuerte, si detrás hay un matrimonio débil.

Su estrategia ha sido la misma desde el Edén: **dividir, confundir y destruir el diseño de Dios.**

El plan de Dios para la familia

Desde Génesis, el propósito fue claro:

> *"Dejará el hombre a su padre y a su madre, y se unirá a su mujer, y serán una sola carne."*
>
> *(Génesis 2:24)*

La familia fue creada para reflejar la relación entre Cristo y Su Iglesia.

El amor del esposo debía reflejar el amor del Salvador;

la obediencia de la esposa, la devoción de la Iglesia;

y los hijos serían herencia y multiplicación del legado del Reino.

La familia fue diseñada para ser **refugio, altar y escuela espiritual.**

Un lugar donde se aprende a amar, a perdonar, a servir y a caminar en fe.

Pero cuando el enemigo ve un hogar unido, **se levanta con furia.**

La estrategia del enemigo

1. **Dividir para debilitar.**
2. El diablo sabe que un hogar dividido pierde poder espiritual.
3. Por eso siembra malentendidos, egoísmo y orgullo.
4. Destruye la comunicación y reemplaza el diálogo por gritos o silencios.
5. **Normalizar lo que Dios desaprueba.**
6. La cultura moderna enseña que los valores bíblicos son "anticuados".
7. Promueve la independencia sin límites, el amor sin compromiso y la sexualidad sin santidad.
8. **istorsionar la identidad.**
9. Hoy el enemigo confunde desde la niñez lo que significa ser hombre, mujer, esposo o hijo.
10. Pero Dios no se equivoca en Su diseño. Él creó a cada persona con propósito y con identidad eterna.
11. **Atacar la autoridad espiritual.**
12. Cuando un padre pierde su lugar de guía, y una madre su rol de formadora, los hijos quedan vulnerables.

13. La falta de cobertura espiritual abre puertas que solo el amor y la oración pueden cerrar.

"El ladrón no viene sino para hurtar, matar y destruir."

(Juan 10:10)

* * *

Cuando el enemigo toca el hogar

Todos los matrimonios pasan por temporadas difíciles: momentos de crisis, cansancio o distanciamiento.

Pero cuando Cristo es el centro, **ni los vientos más fuertes pueden destruir lo que Él edifica.**

El enemigo no puede destruir lo que está bajo pacto, pero sí puede distraer, desanimar y enfriar el corazón si no hay vigilancia espiritual.

Por eso Jesús dijo:

"Velad y orad, para que no entréis en tentación."

(Mateo 26:41)

Cada discusión sin perdón, cada ofensa no sanada, cada silencio prolongado, puede convertirse en una grieta espiritual.

Por eso debemos cerrar las puertas que el enemigo intenta abrir: la falta de comunicación, el orgullo, la crítica, el desánimo, el descuido del altar familiar.

Cómo proteger el hogar del ataque espiritual

1. **Establece un altar familiar.**
2. Ora juntos, aunque sean cinco minutos al día.
3. No subestimes el poder de una oración en unidad.
4. Donde una familia ora, el infierno no entra.
5. **Declara la Palabra sobre tu casa.**
6. Llena tu hogar de promesas, no de quejas.
7. La Palabra de Dios es la mejor muralla contra la confusión del enemigo.
8. **Honra tu matrimonio.**
9. Cierra tus oídos a lo que divide, y abre tu corazón a lo que edifica.
10. No permitas que el orgullo te robe lo que Dios te entregó por gracia.

11. **Cubre a tus hijos con amor y oración.**
12. Ellos no necesitan padres perfectos, sino padres presentes.
13. Ora por sus mentes, sus amistades, sus decisiones y sus emociones.
14. **Perdona rápido.**
15. Cada día que pasa sin perdón es un día en que el enemigo gana terreno.

Palabra profética para las familias

El Espíritu Santo dice en este tiempo:

"Estoy restaurando los hogares que el enemigo quiso dividir.

Estoy uniendo lo que las palabras hirieron, sanando lo que la distancia rompió,

y despertando la autoridad espiritual en los padres para cubrir a sus hijos."

Dios no necesita familias perfectas, necesita familias disponibles.

Él levantará hogares que serán faros en medio de la oscuridad, matrimonios que serán testimonio, e hijos que serán voz profética para su generación.

La familia no es un proyecto humano, es un **pacto eterno entre el cielo y la tierra.**

La voz de María Isabel

"He visto de cerca cómo el enemigo intenta atacar lo que Dios levantó.

He visto matrimonios caer, padres rendirse, hijos alejarse...

Pero también he visto al Dios que restaura, que une y que transforma.

Por eso siempre digo: no subestimes el poder de una familia que ora.

El infierno tiembla cuando una casa decide permanecer unida."

Reflexión

El mundo puede cambiar leyes, redefinir conceptos y crear nuevas filosofías...

pero **no puede cambiar el diseño de Dios.**

El enemigo podrá atacar, pero la familia fundada sobre la roca siempre permanecerá.

"*Mas yo y mi casa serviremos al Señor.*"

(Josué 24:15)

Cuando una familia se levanta con fe, el cielo la respalda.

Y cuando una generación decide defender el legado espiritual, el Reino de Dios avanza.

Oración de cobertura familiar

> **Padre celestial,**
> *hoy cubrimos nuestra familia bajo la sangre de Cristo.*
> *Declaramos que ningún arma forjada contra nuestro hogar prosperará.*
> *Cancelamos toda palabra de división, confusión o desánimo.*
> *Te pedimos que renueves el amor entre esposos, la comunicación entre padres e hijos y la fe en cada corazón.*
> *Pon alrededor de nuestra casa un cerco de*

fuego, y que en cada habitación habite
Tu paz.
Haz de nuestro hogar un altar donde Tu
presencia habite,
y que el enemigo encuentre puertas cerradas
y corazones llenos de Ti.
**En el nombre de Jesús, lo declaramos.
Amén.**

8

INVOLUCRANDO A NUESTROS HIJOS EN EL PROPÓSITO

"De herencia a legado"

Cuando Dios bendice a una familia, no lo hace pensando solo en una generación.

Cada bendición, cada promesa y cada proceso tienen un propósito que trasciende los años.

Por eso, como padres y líderes, debemos entender que nuestros hijos no solo son herederos de lo que tenemos, **sino portadores de lo que somos.**

Desde que nacen, los hijos observan, aprenden y absorben. No solo nuestras palabras, sino nuestras actitudes.

Ellos ven cómo amamos, cómo servimos, cómo reaccionamos ante los problemas, cómo adoramos y cómo enfrentamos las batallas.

Y allí es donde comienza la verdadera enseñanza: **no en lo que decimos, sino en lo que vivimos.**

El propósito se enseña, no se impone

Dios no fuerza a nadie a servirle; Él llama, inspira y transforma.

De la misma forma, los padres no deben empujar a sus hijos al ministerio, sino **enseñarles a amar al Dios del ministerio.**

He visto muchos jóvenes frustrados porque sus padres intentaron que repitieran su llamado, sin entender que cada uno tiene una historia única.

No todos serán pastores, pero todos pueden ser instrumentos.

No todos predicarán desde un altar, pero todos pueden predicar con su vida.

"Instruye al niño en su camino, y aun cuando fuere viejo no se apartará de él."

(Proverbios 22:6)

Ese "camino" no siempre es el nuestro. Es el que Dios trazó para ellos.

Nuestra tarea como padres es ayudarlos a descubrirlo, no a diseñarlo.

Cómo enseñarles a servir sin forzarlos

1. **Involúcralos desde el ejemplo.**
2. Que vean tu pasión por lo que haces. Los hijos no siguen imposiciones, siguen inspiración.
3. **Hazlos partícipes, no espectadores.**
4. Permite que ayuden, colaboren y sientan que su participación tiene valor. A veces un pequeño rol crea grandes compromisos.
5. **Afirma su identidad antes de asignarles una tarea.**
6. Un hijo que se siente amado servirá con gozo, no por obligación.
7. **Celebra más su esfuerzo que su resultado.**
8. Dios mira el corazón, no la perfección. Enseña a tus hijos a servir con amor, no por reconocimiento.

9. **Conecta su talento con propósito.**
10. Si le gusta la música, enséñale a usarla para adorar.
11. Si ama ayudar, enséñale que servir también es un ministerio.
12. Si tiene habilidad para comunicar, guíalo para que sus palabras edifiquen.

Nuestra experiencia familiar

Desde el principio, entendimos que nuestros hijos formarían parte de nuestro llamado, pero **no como una obligación, sino como una extensión natural de nuestro amor por Dios.**

Los involucramos en todo —la iglesia, los eventos, el servicio, los proyectos—, pero sin presionarlos.

Algunos días querían participar, otros no, y aprendimos a respetar sus ritmos.

Con el tiempo, cada uno fue encontrando su lugar:

- **Xavier**, con su amor por la música y la adoración.
- **Yenismary**, con su pasión por la danza y el liderazgo.

- **Yariel**, con su energía y su corazón

Cada uno distinto, pero todos con la misma semilla: **servir a Dios con amor y autenticidad.**

No fue fácil. Hubo momentos de lucha, de cansancio y de dudas. Pero aprendimos que el propósito no se impone a la fuerza, **se despierta con oración, amor y ejemplo.**

Enseñando liderazgo desde casa

El liderazgo no comienza en la iglesia, comienza en el hogar.

Los hijos aprenden a liderar cuando ven a sus padres resolver conflictos con sabiduría, honrar a otros, servir con humildad y perseverar con fe.

Un verdadero líder no se forma en un púlpito, se forma viendo a su padre y a su madre ser coherentes.

Y cuando los hijos crecen en un ambiente donde el servicio es gozo y no carga, el liderazgo fluye naturalmente.

"El mayor entre vosotros será vuestro servidor."

(Mateo 23:11)

Ser líder no es mandar, es servir.

Y servir no es humillación, es honra.

Consejos para padres que desean involucrar a sus hijos

- **No uses el miedo como herramienta.** El temor crea distancia; el amor crea conexión.
- **Escucha sus ideas.** A veces los hijos tienen una visión fresca que puede renovar el ministerio.
- **Permite errores.** Dios no castiga los intentos; Él premia la obediencia.
- **Hazlos sentir parte.** Un "gracias" o un "qué bueno lo hiciste" puede marcar la diferencia en su corazón.
- **Ora más de lo que hablas.** Hay cosas que solo el Espíritu Santo puede activar.

La voz de Osvaldo Xavier

"Entre la responsabilidad, la fe y el amor"

"A veces pensaba que servir era solo tocar un instrumento, pero aprendí que servir es un estilo de vida.

Mis padres me enseñaron que Dios no busca perfección, sino disponibilidad.

Y hoy puedo decir que mi pasión por la música nació al ver su pasión por Dios."

1. *¿Qué significa para ti crecer en una familia pastoral y empresarial?*

Crecer siendo el hijo mayor en una familia que combina el liderazgo pastoral y empresarial ha sido una experiencia única y, en muchos momentos, desafiante.

No fue un papel que escogí, sino uno en el que fui formado poco a poco.

Las expectativas siempre han sido grandes, y las miradas constantemente atentas.

Ser hijo de pastores y de empresarios significa vivir bajo una lupa constante.

Puedo hacerlo bien cien veces, pero basta con un solo error para que ese sea el único recordado.

Y al ser el mayor, muchas veces siento que la imagen y el éxito de la familia recaen directamente sobre mí.

Aun así, a pesar del peso y las exigencias, no cambiaría nada.

Mi amor por Dios y por el propósito de mi familia hacen que todo valga la pena.

2. ¿Cuál ha sido uno de los mayores desafíos de ser hijo de pastor?

El mayor desafío de ser hijo de pastor ha sido enfrentar la expectativa de perfección.

Muchos piensan que no cometo errores, pero eso está muy lejos de la realidad.

He fallado muchas veces, y esas fallas me han llevado a sentirme indigno del amor de Dios.

He tenido que recordarme una y otra vez que la fe no se trata de ser perfecto, sino de reconocer mis imperfecciones y entender que la gracia de Dios no se retira cuando fallo, sino que se manifiesta con más fuerza.

3. ¿Qué recuerdos bonitos o divertidos tienes de tu infancia en la iglesia o en casa?

Mi infancia no estuvo llena de momentos fáciles, pero sí de lecciones.

Uno de los recuerdos más claros que tengo fue la primera vez que fui a la iglesia.

Y siendo completamente honesto... mi mente no estaba en Dios.

Era un joven distraído y curioso; recuerdo que lo primero que hice fue mirar alrededor buscando a la chica más bonita del lugar.

Esa era mi "misión" ese día, porque realmente no entendía qué significaba estar en la casa de Dios.

Hoy miro atrás y sonrío, porque veo cuánto he cambiado.

No comencé este camino con el enfoque correcto, pero la gracia de Dios me alcanzó y me transformó.

4. ¿Has sentido presión por las expectativas de los demás? ¿Cómo lo manejaste?

En mi casa, la presión por servir era algo normal.

Mis padres siempre han estado profundamente involucrados en la iglesia —no solo como pastores, sino también como líderes y servidores.

Eso significaba que éramos los primeros en llegar y los últimos en irnos.

Muchas veces sentí que debía cumplir ciertos roles, no tanto por deseo personal, sino por compromiso familiar.

Estuve en el ministerio de media, en la adoración, en eventos... y aunque en ese momento lo hacía por responsabilidad, hoy reconozco que todo eso me formó.

Me enseñó disciplina, trabajo en equipo y propósito.

Y no me arrepiento de nada.

5. *¿Qué consejo le darías a otros jóvenes que también son hijos de pastores o líderes?*

A todos los jóvenes que son hijos de pastores, quiero decirles algo muy simple: no se rindan.

Sí, habrá presión. Sí, sentirán juicio.

Pero no dejen que eso defina su identidad.

Dios escogió a tu familia con un propósito.

Te vi antes de que nacieras y sabía que tenías la fortaleza para soportar el peso del llamado.

Tu vida no es un accidente: fue planeada con intención divina.

No te compares con nadie.

Tu proceso no es menor ni más fácil: es el camino que Dios trazó para ti.

Cree en esa verdad, protégela y sigue caminando.

6. ¿Hay algún versículo bíblico que haya influido en tu camino como hijo de Dios?

El versículo que más ha marcado mi vida es Juan 3:16.

Aunque es uno de los más conocidos, su mensaje nunca deja de impactar.

Lo más profundo de ese texto es entender que Jesús, sabiendo todos mis errores, aún decidió amarme.

Él conocía cada uno de mis fracasos antes de que sucedieran, y aun así, eligió la cruz.

Esa verdad me enseña que mi valor no depende de mis aciertos o errores, sino del sacrificio que Él hizo por mí.

Esa es la definición perfecta de amor y gracia incondicional.

7. ¿Qué piensas de tus padres como pastores y como padres (dos roles que a veces chocan)?

Lo que más admiro de mis padres es que son los mismos dentro y fuera del altar.

No hay una diferencia entre "los pastores" y "mis padres".

Cuando necesito consejo o corrección, ellos me hablan con la sabiduría del pastor y la ternura del padre.

De niño eso me frustraba, porque no siempre quería escuchar una enseñanza bíblica cuando me regañaban 😅.

Pero hoy lo entiendo: cada palabra, cada consejo, cada límite… todo fue sembrado con amor.

Ellos no sólo crearon un hijo, formaron un líder.

8. *Si pudieras describir a tu familia en una palabra, ¿cuál sería y por qué?*

Si pudiera describir a mi familia en una sola palabra, sería apoyo.

Siempre han estado ahí: en mis triunfos, mis errores, mis sueños y mis miedos.

Me han acompañado en cada paso: cuando aprendí guitarra y piano, cuando compré mi primer carro, cuando logré mis metas personales y ministeriales.

Su amor y respaldo han sido incondicionales.

Me han enseñado que una familia verdadera no se rinde, se mantiene unida.

> *"Sus hijos se levantan y la llaman bienaventurada;*
>
> *su marido también la alaba."*
>
> *(Proverbios 31:28)*

Reflexión de Osvaldo Xavier

"La perfección no es la meta, la autenticidad sí.

Mis padres me enseñaron que la verdadera fe es mantenerse firme cuando es difícil, amar cuando duele y creer incluso cuando no parece tener sentido."

* * *

La voz de Yenismary

"Creciendo entre el llamado y la realidad"

1. ¿Qué significa para ti crecer en una familia pastoral y empresarial?

"Significa vivir bajo mucha presión. Desde muy joven sentí que debía ser buena en todo: en la iglesia, en la escuela y en casa. No porque alguien me lo exigiera directamente, sino porque sabía que las personas esperaban más de mí solo por ser hija de pastores."

2. ¿Cuál ha sido uno de los mayores desafíos de ser hija de pastor?

"Intentar ser perfecta ante los ojos de todos, solo para que nadie tuviera motivos para hablar mal de mí o de mis padres. A veces sentía que debía mantener una imagen, incluso cuando no me sentía bien, solo para protegerlos."

3. ¿Qué recuerdos bonitos o divertidos tienes de tu infancia en la iglesia o en casa?

"La verdad, en la iglesia tuve momentos difíciles, especialmente con amistades que no siempre fueron sinceras. Pero si pienso en algo bonito, recuerdo los retiros espirituales. Allí siempre sentí algo diferente: paz, libertad y una conexión real con Dios."

4. ¿Has sentido presión por las expectativas de los demás? ¿Cómo lo manejaste?

"Sí, muchas veces sentí que tenía que estar a la altura de lo que todos esperaban, aunque no quería. Aprendí a manejarlo recordando que mi identidad no depende de las opiniones humanas, sino de Dios."

5. ¿Qué consejo le darías a otros jóvenes que también son hijos de pastores o líderes?

"No escuches las voces de la gente, escucha la voz de Dios. Las personas te juzgarán, te señalarán y esperarán demasiado de ti, pero solo Dios conoce tu corazón y tu proceso."

6. ¿Hay algún versículo bíblico que haya influido en tu camino como hija de Dios?

"Tito 1:15-16. Me recuerda que la pureza no se mide por las apariencias, sino por el corazón."

"Todas las cosas son puras para los puros; mas para los corrompidos e incrédulos nada les es puro..."

(Tito 1:15)

7. ¿Qué piensas de tus padres como pastores y como padres (dos roles que a veces chocan)?

"A veces es difícil verlos como pastores, porque antes que nada son mis padres. También es complicado hablar con ellos, porque el lado pastoral suele salir primero y tratan de santificarlo todo. Pero con el tiempo he aprendido a entenderlos mejor y a valorar su esfuerzo."

8. Si pudieras describir a tu familia en una palabra, ¿cuál sería y por qué?

"Impactante. Porque donde quiera que vayamos, dejamos una huella. Somos una familia que no pasa desapercibida: no por buscar atención, sino porque el amor y la fe que tenemos llaman la atención de los que nos rodean."

Reflexión de Yenismary

Crecer en una familia pastoral y empresarial no siempre ha sido sencillo.

He vivido de cerca tanto las bendiciones como las presiones que vienen con el ministerio familiar.

Ser hija de pastores significa estar en constante observación, aprender a madurar más rápido y encontrar tu identidad en medio de muchas expectativas.

Amo a Dios con todo mi corazón, pero también aprendí a conocerme a mí misma en ese proceso.

Hubo momentos en los que me sentí juzgada o incomprendida, pero también entendí que Dios no busca perfección, sino sinceridad.

Hoy puedo decir que estoy aprendiendo a equilibrar lo que soy, lo que vivo y lo que creo.

Mi relación con Dios es real, y cada día me enseña que **la transparencia también deja un legado.**

"Los hijos de los justos serán enseñados por Jehová,

y grande será su paz." (Isaías 54:13)

La voz de Osvaldo Yariel

A veces me dicen que soy el consentido, pero creo que soy el que más hace que mis padres oren (risas). He aprendido que Dios tiene paciencia conmigo, y eso me motiva a seguir intentándolo cada día.

Me gusta la música, y aunque tocó la batería, sé que hay algo más que Dios quiere hacer conmigo. A veces me cuesta entender por qué me pasan ciertas cosas, pero cuando voy a la iglesia y toco, siento paz.

Ser parte de una familia pastoral no siempre es fácil, pero he aprendido que Dios me ve con amor, incluso cuando fallo. Mi deseo es seguir creciendo, aprender a servir mejor y no olvidar nunca lo que mis padres me han enseñado: que lo más importante no es ser perfecto, sino permanecer.

"El más pequeño, pero con gran propósito"

1. ¿Qué significa para ti crecer en una familia pastoral y empresarial?

Ser el menor de la familia ha sido una bendición y, a la vez, una gran responsabilidad.

A veces todos piensan que por ser el "bebé" de la casa lo tengo más fácil, pero en realidad he aprendido que en este hogar todos tenemos que crecer, servir y dar lo mejor.

Mis padres y mis hermanos siempre han estado pendientes de mí, pero también me han enseñado a caminar con mis propias fuerzas y a descubrir quién soy en Dios.

2. ¿Cuál ha sido uno de los mayores desafíos de ser hijo de pastor?

"Los desafíos son constantes, porque la gente siempre espera algo diferente de mí solo por ser hijo de pastores.

A veces me molesta cuando escucho comentarios como: '¿Y tú no eres hijo de pastores?' —como si eso significara que no puedo equivocarme o tener mis propios procesos.

Pero a pesar de todo, mis padres siempre han sido mi guía.

Ellos me enseñan con amor, me corrigen con sabiduría y me recuerdan que, aunque los demás tengan expectativas, mi verdadera identidad está en Dios."

3. ¿Qué recuerdos bonitos o divertidos tienes de tu infancia en la iglesia o en casa?

Desde pequeño he visto a mis padres servir con pasión.

Siempre me ha impactado verlos orar, trabajar duro y, a pesar del cansancio, seguir adelante por amor a las personas y al llamado.

Eso me ha hecho entender que el ministerio no es solo para los adultos; también los hijos somos parte del legado.

Cuando era niño me encantaba participar en la iglesia: predicar, cantar, tocar batería... y aunque con el tiempo he pasado por mis altas y bajas, sigo creyendo que Dios tiene un propósito grande conmigo.

4. ¿Has sentido presión por las expectativas de los demás? ¿Cómo lo manejaste?

"Sí, he sentido muchas presiones.

A veces las personas piensan que por ser hijo de pastores tengo que actuar o vestirse de cierta manera, y cuando no encajo en esa idea, comienzan las críticas.

Me han cuestionado por mi forma de vestir, incluso por mi estilo de pelo.

Pero en medio de todo eso, mis padres siempre me han dado seguridad.

Ellos me recuerdan que Dios me ama tal como soy, y que no es malo ser diferente si mi corazón sigue firme en Su Palabra.

Eso me ha ayudado a entender que no se trata de agradar a todos, sino de mantener mi relación con Dios viva y sincera."

5. ¿Qué consejo le darías a otros jóvenes que también son hijos de pastores o líderes?

"Debemos ser reales, pero sin olvidar que Dios es el centro.

No se trata de aparentar una perfección que no existe, sino de vivir con autenticidad y mantener a Dios en el lugar que le corresponde.

Ser hijos de pastores no nos hace intocables, pero sí responsables de reflejar el amor y la gracia que recibimos en casa.

Cuando entendemos eso, dejamos de vivir para agradar a la gente y comenzamos a vivir para agradar a Dios."

6. ¿Hay algún versículo bíblico que haya influido en tu camino como hija de Dios?

Uno de los versículos que más me inspira es:

" El Corazón del hombre piensa su camino, mas Jehová endereza sus pasos."

(Proverbios 16:9)

Este texto me recuerda que puedo tener planes, pero Dios siempre tiene el mejor camino.

Y aunque a veces no entienda lo que Él está haciendo, confío en que su plan es perfecto.

7. ¿Qué piensas de tus padres como pastores y como padres (dos roles que a veces chocan)?

"Mis padres como pastores y como padres son un gran ejemplo.

A veces esos dos roles se mezclan y puede ser un poco difícil, porque cuando me corrigen o me dan consejos, muchas veces siento que lo hacen más como pastores que como papás.

Pero con el tiempo entendí que en ambos lados su intención siempre es la misma: que crezca, que madure y que no me aparte del propósito de Dios.

Como padres me enseñan con amor y paciencia, y como pastores me guían con sabiduría y autoridad espiritual.

Tal vez no siempre sea fácil, pero hoy puedo decir que tengo el privilegio de tener unos padres que practican lo que predican."

8. Si pudiera describir a mi familia en una palabra, ¿cuál sería y porqué?

Sería imparable.

Porque no importa lo que enfrentemos, nunca nos rendimos.

Cada reto nos une más, cada caída nos fortalece, y cada victoria la celebramos juntos.

Somos imparables porque nuestra fuerza no viene de nosotros, sino de Dios.

Reflexión de Osvaldo Yariel

"Dios no busca hijos perfectos, sino corazones dispuestos.

Y aunque a veces me equivoque, sé que el amor de mi familia y la gracia de Dios me seguirán guiando al propósito que Él tiene para mí."

Reflexión General

Los hijos no son nuestro futuro, son nuestro presente.

Y el legado más grande que podemos dejarles no es una herencia material, sino **un corazón dispuesto a servir al Señor**.

La familia que sirve unida, permanece unida.

Y cuando los hijos entienden que servir no es carga, sino privilegio, la bendición de Dios se multiplica de generación en generación.

"Y sus hijos serán enseñados por Jehová; y se multiplicará la paz de tus hijos."

(Isaías 54:13)

Oración

Señor,
gracias por los hijos que nos has confiado.
Ayúdanos a enseñarles a servirte con amor,
no por obligación.
Que cada talento que sembraste en ellos
florezca en su tiempo,
y que siempre encuentren en nosotros un
ejemplo, no una presión.
Haz de nuestras casas un lugar donde se
respire fe, servicio y propósito.
Que el legado que dejamos sea más grande
que los logros que alcanzamos.
Amén.

9
UNA FAMILIA CON PROPÓSITO ETERNO

"Nuestro legado no termina, solo comienza"

Cada familia tiene una historia. Algunas marcadas por alegría, otras por dolor, pero todas pueden ser redimidas por la gracia de Dios.

Nuestro hogar también ha tenido temporadas de abundancia y de escasez, de victorias y de batallas, de risas y de lágrimas. Pero a través de todo, Dios ha sido fiel.

Cuando miro atrás, veo cómo cada proceso formó algo en nosotros.

Nada fue casualidad: las pruebas nos unieron, los retos nos moldearon y la fe nos sostuvo.

Cada caída fue un recordatorio de que dependemos de Dios, y cada levantamiento fue una evidencia de que Su mano nunca nos soltó.

El propósito no se hereda, se construye

Cada generación tiene la oportunidad de continuar lo que la anterior comenzó.

Nuestros hijos no son una copia de nosotros; son la continuación de lo que Dios inició en nuestras vidas.

El propósito eterno de una familia no se limita a lo terrenal —es la manifestación del Reino de Dios en la tierra.

Cuando una familia sirve unida, ama unida y permanece unida, el cielo se manifiesta en su hogar.

"Yo y mi casa serviremos al Señor."

(Josué 24:15)

Esa no es solo una frase para un cuadro de pared; es una declaración profética, una decisión espiritual y una promesa eterna.

* * *

Familias que dejan huellas

Hay familias que pasan por la tierra sin dejar memoria, y hay otras que dejan huellas eternas.

Las primeras viven para sobrevivir; las segundas viven para servir.

Dios nos llamó a ser una familia que deje legado, no solo nombre.

A levantar generaciones que amen más a Cristo que a los aplausos, que prefieran el altar antes que la fama, que escojan la obediencia antes que la apariencia.

Cada palabra sembrada, cada enseñanza, cada lágrima y cada oración que como padres hemos entregado, será el cimiento de la fe de nuestros hijos y de los hijos de ellos.

"El justo camina en su integridad; sus hijos son dichosos después de él."

(Proverbios 20:7)

El legado del amor

El mayor legado que una familia puede dejar no está en las riquezas ni en los logros, sino en el amor.

El amor que perdona rápido, que escucha antes de hablar, que restaura sin señalar y que sigue creyendo incluso cuando todo parece perdido.

Ese amor que nos enseñó Cristo cuando dio su vida por nosotros.

Un amor que no cambia con las temporadas, sino que crece con el tiempo.

Cuando nuestros hijos nos vean en el futuro, queremos que digan:

"Mis padres me enseñaron a amar a Dios sobre todas las cosas, y a nunca rendirme, aunque todo parezca imposible."

Una familia con visión celestial

Ser una familia con propósito eterno significa vivir con la mirada en el cielo y los pies en la tierra.

Significa trabajar, soñar y servir, pero siempre recordando que todo lo que hacemos tiene una recompensa eterna.

Cada oración que hacemos en casa, cada reconciliación, cada acto de fe, queda escrito en la historia del Reino.

Y un día, cuando estemos delante del Señor, no presentaremos títulos ni bienes, sino vidas transformadas, generaciones firmes y un legado que dio fruto.

"Cree en el Señor Jesucristo, y serás salvo tú y tu casa."

(Hechos 16:31)

* * *

La voz de María Isabel

Si algo he aprendido, es que la familia es el mayor tesoro que Dios nos entrega y la mayor responsabilidad que tenemos ante Él.

No siempre lo hicimos todo bien, pero lo hicimos con amor, con fe y con propósito.

Hoy puedo decir que cada prueba valió la pena, porque nos llevó a depender más de Dios y a valorar más el uno al otro.

Nuestro legado no está en las cosas que construimos, sino en las vidas que formamos.

Y mientras tengamos aliento, seguiremos sirviendo, amando y enseñando a las próximas generaciones que el hogar donde habita Cristo, nunca se derrumba."

Declaración profética de legado

"Declaramos que nuestra familia caminará en propósito, vivirá en santidad y permanecerá en unidad.

Que nuestros hijos y los hijos de nuestros hijos conocerán al Dios que nos sostuvo.

Que en esta casa siempre habrá luz, siempre habrá fe y siempre habrá amor.

Somos una familia con propósito eterno, y nuestro legado no termina, apenas comienza."

Oración

Padre amado,
gracias por confiar en nosotros el don más
preciso: la familia.
Gracias por los procesos que nos moldearon,

*por la fe que nos sostuvo y por la gracia
que nos alcanzó.*
*Hoy consagramos nuestro hogar a Ti una
vez más.*
*Declaramos que nuestro legado no será
terrenal, sino eterno.*
*Que nuestros hijos caminarán en
verdad,*
que nuestros nietos amarán Tu Palabra,
*y que nuestra descendencia proclamará Tu
nombre por generaciones.*
*Guárdanos en unidad, fortalécenos en
amor y enséñanos a seguir construyendo
Tu Reino desde nuestro hogar.*
En el nombre poderoso de Jesús, **Amén.**

NUESTRA FAMILIA EXTENDIDA: HIJOS POR AMOR Y PROPÓSITO

"Cuando el legado se multiplica"

Dios no solo nos bendijo con hijos, sino también con hijos por amor.

Porque la familia no siempre se define por la sangre, sino por el compromiso, la fe y el corazón.

Cada persona que Dios ha añadido a nuestro hogar forma parte de nuestra historia, de nuestro testimonio y de nuestro legado.

Y hoy queremos honrar públicamente a Erick y Ashley, quienes no solo son parte de nuestra familia, sino pilares dentro de lo que Dios está construyendo en esta casa.

Erick – El hombre que vino a sumar propósito

Cuando conocimos a Erick, supimos que su llegada no era casualidad.

Era un joven con pasión, respeto y un corazón sensible a Dios. Su amor por nuestra hija Yenismary ha sido un reflejo del amor de Cristo —paciente, protector y constante.

Desde su entrada a la familia, Erick ha demostrado madurez y un deseo genuino de servir.

Es un hombre trabajador, comprometido, humilde y lleno de fe.

Su sensibilidad para la adoración lo han convertido en una pieza esencial del ministerio.

Erick no solo es nuestro yerno, es nuestro hijo por promesa, un amigo fiel, un siervo dispuesto y un testimonio de lo que Dios hace cuando un joven decide caminar en integridad.

Sabemos que el Señor lo llevará aún más lejos —como músico, como esposo y como hombre de Dios.

Y estamos orgullosos de verlo crecer, amar y servir con excelencia.

> *"El que es fiel en lo poco, también en lo mucho es fiel."*
>
> *(Lucas 16:10)*

* * *

Ashley – Una hija enviada por Dios

Ashley llegó a nuestra familia como una respuesta de oración.

Una joven noble, alegre, fuerte y de corazón hermoso.

Su amor por nuestro hijo Xavier ha sido una bendición, y su forma de integrarse a nuestra vida, a la iglesia y al ministerio ha demostrado que Dios no se equivoca cuando une caminos.

Ashley no solo es una esposa , sino también una mujer de fe.

Ha aprendido a servir, a crecer y a brillar con una gracia especial.

Su espíritu servicial, su empatía con los niños y su disposición para apoyar cada proyecto de la iglesia son señales de su compromiso con el Reino.

La vemos no solo como nuera, sino como una hija espiritual, con propósito, ternura y un corazón dispuesto a seguir aprendiendo de Dios.

"Engañosa es la gracia y vana la hermosura; la mujer que teme a Jehová, ésa será alabada."

(Proverbios 31:30)

Unidos por un mismo propósito

Hoy, cuando vemos a nuestros hijos y sus parejas, solo podemos dar gracias a Dios.

Porque lo que comenzó con dos personas —mi esposo Osvaldo y yo— hoy es una familia , fortalecida y activa en el propósito divino.

Cada uno aporta su don, su carácter y su historia.

Algunos desde el altar, otros desde la empresa, otros desde la adoración, la danza o la organización...

pero todos con un mismo sentir: servir a Dios como familia.

"Y si uno prevaleciere contra uno, dos le resistirán; y el cordón de tres dobleces no se rompe pronto."

(Eclesiastés 4:12)

Este legado ya no es solo nuestro.

Es de ellos, y de los hijos que Dios nos regala a través de ellos.

Porque los que caminan con propósito dejan herencia; pero los que caminan con amor, dejan legado eterno.

Reflexión

El mayor fruto del ministerio no son los templos llenos, sino las familias restauradas.

Y nuestra mayor bendición es ver a nuestros hijos y a

quienes se unieron a ellos amando, sirviendo y creyendo en el mismo Dios que nos unió a nosotros.

Hoy declaramos que la familia Rodríguez, con todos sus hijos, yernos y nueras, seguirá siendo un canal de bendición para las naciones.

Una familia, un legado... y una promesa que sigue viva.

* * *

ORACIÓN DE GRATITUD

Señor, gracias por cada persona que forma parte de nuestra familia.
Gracias por los hijos que nos diste por nacimiento, y los que añadiste por amor.
Gracias por los que sirven a Tu lado, por los que oran, por los que sostienen y por los que creen.
Hoy presentamos a cada uno delante de Ti:
bendice a Xavier y Ashley,
a Yenismary y Erick,
a Yariel y a cada generación que nacerá de este legado.
Que nunca se aparten de Tu presencia.
Que siempre amen más de lo que critican, sirvan más de lo que esperan,

y perdonen más de lo que reciben.
En el nombre de Jesús, **Amén**.

10
FORMANDO HIJOS LÍDERES Y EMPRESARIOS

"El legado también se hereda en visión y responsabilidad"

Desde el principio, nuestro deseo como padres ha sido formar hijos completos: hijos que amen a Dios, pero que también sepan cómo administrar, producir y multiplicar los dones que el Señor les ha entregado.

El ministerio es una bendición, pero entendemos que la visión del Reino también abarca las áreas prácticas de la vida.

Por eso, hemos procurado que nuestros hijos no solo se desarrollen en lo espiritual, sino también en lo académico y en lo empresarial.

Creemos firmemente que **una familia de fe también puede ser una familia productiva**, y que el equilibrio entre lo ministerial y lo profesional es una señal de madurez y visión.

Involucrándolos en los negocios familiares

Desde jóvenes, nuestros hijos han tenido la oportunidad de participar activamente en nuestras empresas.

No solo para aprender un oficio, sino para entender que **el trabajo también es una forma de servir a Dios**.

Les hemos enseñado que la excelencia, la honestidad y la responsabilidad son principios del Reino que se aplican tanto en el altar como en la oficina.

No se trata solo de generar ingresos, sino de desarrollar una mentalidad de propósito:

saber que cada proyecto, cada empresa y cada logro tiene un impacto en el legado familiar y en el testimonio cristiano que representamos.

Enseñanzas sobre administración y responsabilidad

En casa, hemos sido intencionales al enseñarles a nuestros hijos sobre **finanzas, administración y manejo de sus recursos.**

Aprender a administrar bien es un principio bíblico que trasciende generaciones.

La Palabra dice:

"El que es fiel en lo muy poco, también en lo más es fiel."

(Lucas 16:10)

Les hemos enseñado a diezmar, a ahorrar, a planificar y a no depender del impulso, sino de la sabiduría.

Cada conversación sobre dinero en casa no es solo un tema financiero, sino espiritual.

Queremos que comprendan que **todo lo que tenemos pertenece a Dios** y que administrar correctamente lo que Él nos confía es una muestra de gratitud y madurez.

Actualmente, nuestros hijos cursan estudios universitarios con el objetivo de obtener sus títulos profesionales.

Sabemos que la preparación académica no reemplaza la fe, pero sí la complementa.

Estudiar, capacitarse y crecer en conocimiento también es una forma de honrar a Dios.

* * *

El equilibrio entre lo ministerial y lo secular

Hemos procurado que nuestros hijos comprendan que el llamado ministerial y la vida laboral no son enemigos, sino aliados.

Ambas áreas pueden coexistir en armonía cuando se colocan bajo el mismo propósito: **glorificar a Dios en todo.**

Les hemos enseñado que no deben ser una carga para el ministerio, sino una bendición para él.

Que su formación, sus carreras y sus negocios deben sumar al crecimiento del Reino, no restarle.

Una familia que produce con propósito es una familia que puede sostener visiones, ayudar a otros y expandir el evangelio con libertad.

* * *

Ejemplos de liderazgo en la Biblia

La Biblia nos da ejemplos claros de hombres que supieron administrar y liderar con excelencia:

- **José**, que pasó de ser esclavo a gobernador por su fidelidad y sabiduría administrativa.
- **Daniel**, que se destacó en un entorno secular sin perder su identidad ni su fe.
- **Timoteo**, que aprendió a servir con integridad bajo la enseñanza de su madre, su abuela y su mentor espiritual.

Estos ejemplos nos muestran que Dios honra a quienes trabajan con diligencia y gobiernan con sabiduría.

El liderazgo no se mide por el cargo, sino por la responsabilidad con la que manejamos lo que se nos confía.

El legado de la formación integral

Formar hijos con una base sólida —espiritual, emocional, profesional y financiera— es asegurar que **nuestro legado sea duradero**.

Porque un hijo con principios y visión no solo hereda lo que construimos, sino que también expande lo que comenzamos.

Como familia, hemos aprendido que el verdadero éxito no se mide en bienes materiales, sino en la capacidad de **transmitir valores, fe y propósito.**

"Bienaventurado el hombre que teme a Jehová, y en sus mandamientos se deleita en gran manera.

> *Su descendencia será poderosa en la tierra; la generación de los rectos será bendita."*

(Salmo 112:1–2)

Nuestro deseo es que nuestros hijos continúen edificando sobre esta base:

que sigan sirviendo en el ministerio, prosperando en sus carreras y dejando huellas dondequiera que vayan.

Porque cuando una familia aprende a honrar a Dios con su trabajo, su servicio y su corazón, **ese legado nunca se extingue... se multiplica.**

11

UN HOGAR CON BALANCE

"Entre la disciplina, la confianza y el amor"

Una de las mayores lecciones que hemos aprendido como padres es que **no existe familia perfecta, pero sí familias intencionales.**

El equilibrio en el hogar no ocurre por casualidad; se construye día a día, con amor, comunicación, límites y sobre todo, con presencia.

Nuestra meta como padres siempre ha sido mantener un balance saludable con nuestros hijos: que nos vean no solo como sus pastores, sino también como sus amigos, consejeros y confidentes.

Y aunque no siempre es fácil, hemos procurado que nuestro hogar sea un espacio donde se respire amor, respeto y libertad.

* * *

Tiempo de calidad: el lenguaje del amor familiar

Nos encanta compartir tiempo juntos.

Disfrutamos salir de vacaciones, viajar, comer juntos, reírnos de anécdotas y simplemente disfrutar el hecho de estar unidos.

Para nosotros, esos momentos son más que simples actividades: **son inversiones en la relación.**

El trabajo, el ministerio y las responsabilidades pueden consumir el tiempo si no somos intencionales.

Por eso, hemos aprendido a **detenernos y disfrutar a los nuestros**, porque la familia es un regalo que no debe darse por sentado.

> *"Todo tiene su tiempo, y todo lo que se quiere debajo del cielo tiene su hora."*
>
> (Eclesiastés 3:1)

No hay predicación más poderosa que una familia que se

ama genuinamente, ni testimonio más fuerte que unos hijos que desean estar cerca de sus padres.

Comunicación con confianza

En nuestra casa, fomentamos la comunicación abierta.

Queremos que nuestros hijos se sientan libres de hablar con nosotros de cualquier tema —sin miedo, sin juicios, sin castigos innecesarios.

Sabemos que cuando los padres escuchan con el corazón, los hijos hablan con sinceridad.

Nuestros hijos tienen la confianza de contarnos sus inquietudes, sueños, errores y emociones.

Nos respetan, pero no nos temen.

Y eso para nosotros es una de las mayores victorias como familia: **haber creado un ambiente donde el amor no excluye la corrección, y la autoridad no elimina la amistad.**

Disciplina con amor y paciencia

La corrección también forma parte del amor.

Dios nos enseña que el padre que ama, corrige; pero lo hace con ternura, sin quebrar el espíritu del hijo.

Nosotros creemos en la disciplina con propósito, no con ira.

Si tenemos que reprender, lo hacemos con amor, explicando el porqué y recordándoles que detrás de cada corrección hay una intención: formar carácter, no causar dolor.

"El que detiene el castigo, a su hijo aborrece; mas el que lo ama, desde temprano lo corrige."

(Proverbios 13:24)

Corregir con amor y paciencia enseña más que castigar con enojo.

Nuestros hijos saben que los límites no son castigos, sino protecciones; y que cada consejo, aunque firme, nace del deseo de verlos crecer.

Amistad y respeto: el fruto de la relación

Con el paso de los años, hemos establecido con nuestros hijos una relación hermosa donde **la autoridad convive con la amistad.**

Nos respetan, pero también nos disfrutan.

Nos buscan para recibir consejo, pero también para reír, conversar o simplemente compartir un café.

Esa confianza no se logra de un día para otro.

Ha sido el resultado de años de diálogo, presencia y ejemplo.

Hemos aprendido que **el respeto no se impone; se gana con coherencia.**

Nuestros hijos saben que pueden acercarse a nosotros para hablar de cualquier cosa, y eso para nosotros vale más que cualquier reconocimiento público.

Porque cuando un hijo confía en sus padres, el enemigo pierde terreno.

* * *

Vivir con propósito y unidad

Como familia, decidimos ser intencionales:

en amarnos, y cuidarnos, en corregirnos y en disfrutar la vida juntos.

Porque el legado no solo se hereda en dinero, empresas o ministerio... **también se hereda en relaciones sanas.**

Un hogar equilibrado no es aquel donde nunca hay desacuerdos, sino aquel donde el amor siempre tiene la última palabra.

Y si hay algo que deseamos dejar a nuestros hijos, es la convicción de que la unidad familiar no se negocia.

"Y sobre todas estas cosas vestíos de amor, que es el vínculo perfecto."

(Colosenses 3:14)

Reflexión

La verdadera herencia no está en lo que damos, sino en **cómo nos amamos.**

El éxito de una familia no se mide en logros, sino en conexión.

Y si algo hemos comprendido en nuestro caminar, es que no hay ministerio más grande que el de ser padres presentes, amorosos y sabios.

La familia no se improvisa, se construye con intención.

Y cuando esa intención nace del corazón de Dios, los frutos permanecen por generaciones.

12

¿QUÉ PIENSAN NUESTROS HIJOS DE NOSOTROS?

"Testimonios y perspectivas de los hijos de pastores"

Si hay algo que hemos aprendido a lo largo de los años, es que los hijos de pastores no son diferentes a los demás: **también sienten, también se equivocan, también cargan expectativas y también aman a Dios a su manera.**

Este capítulo no busca hablar de lo que pensamos nosotros como padres, sino de lo que **nuestros hijos piensan de nosotros**, porque su voz también forma parte del legado.

Cada palabra que ellos expresan es un reflejo del hogar que hemos construido, de las conversaciones compartidas, de los errores que reconocimos y de las victorias que celebramos juntos.

* * *

La mirada de un hijo: amor y verdad

Ser hijo de pastores es crecer observando cada decisión, cada sacrificio y cada momento de fe.

Nuestros hijos han visto nuestras lágrimas, nuestras oraciones y también nuestras luchas.

Ellos saben que antes de ser líderes, **somos humanos**, y que el llamado que Dios nos dio también ha sido una escuela para ellos.

Nos llena de gratitud saber que, a pesar de nuestras imperfecciones, nuestros hijos reconocen el amor, la entrega y la fe que nos han sostenido.

Hoy ellos mismos comparten sus pensamientos, no desde la admiración forzada, sino desde la sinceridad de su experiencia.

La voz de Osvaldo Xavier

"Crecí entre sacrificio, propósito y convicción"

Crecí viendo a mis padres darlo todo por la obra de Dios.

De niño no entendía muchas cosas: por qué se sacrificaban tanto, por qué trabajaban sin descanso, por qué tantas personas llegaban a la casa buscando consejo, oración, dirección...

A veces pensaba que mis padres les pertenecían a todos menos a nosotros.

Pero con el tiempo descubrí que cada sacrificio, cada desvelo y cada lágrima escondida era parte del llamado que Dios había puesto sobre ellos.

Lo que de niño solo parecía cansancio y responsabilidad, hoy lo veo como **ejemplo de servicio y amor verdadero por las almas.**

Siendo el hijo mayor, muchas veces sentí el peso de las expectativas.

Sentí que debía ser perfecto, que no podía fallar, que no podía mostrar vulnerabilidad porque "era el hijo del pastor".

Esa presión me lastimó muchas veces y me hizo sentir que si cometía un error estaba deshonrando a mi familia.

Pero mis padres me enseñaron algo que cambió mi vida:

que Dios no busca perfección, sino disposición.

Ellos nunca me exigieron ser lo que no era; me enseñaron a ser genuino, a conocer a Dios por mí mismo, a trabajar por mis metas y a acercarme a Él incluso cuando no me sentía digno.

¿Qué pienso de ellos como padres?

Pienso que son fuertes, dedicados, disciplinados y tremendamente amorosos.

Que hicieron todo lo posible por criarnos con valores, identidad y propósito.

Que fueron firmes en tiempos donde debían corregirnos, pero también tiernos cuando necesitábamos un abrazo y escuchar: "Estamos contigo."

Los admiro porque lograron algo difícil: ser nuestros padres sin dejar de ser nuestros líderes.

Nos dieron una infancia con estructura, pero también con cariño; con límites, pero nunca sin amor.

¿Qué pienso de ellos como pastores?

Que son íntegros.

Que predican lo que viven y viven lo que predican.

Que su fe no es una máscara de domingo, sino una realidad diaria.

He visto cómo oran sin fuerzas, cómo siguen adelante cuando quisieran rendirse, cómo aman a personas que otros ya abandonaron.

He visto cómo se levantan después de cada golpe y cómo mantienen su fe firme aun cuando el mundo se les pone en contra.

Como pastor e hijo de ellos, sé que su ministerio no se sostiene por talento, sino por entrega.

Hoy amo a Dios por convicción, no por obligación.

Amo servir porque lo vi en ellos primero.

Amo la adoración porque es donde encontré paz en mis momentos más difíciles.

Mi relación con Dios no es una herencia, es una decisión... pero esa decisión nació gracias al ejemplo de mis padres.

Ellos no me empujaron al ministerio; me enseñaron a amar lo que Dios ama.

A veces pensé que su llamado nos robaba tiempo, pero con los años entendí que lo que hacían era **enseñarnos a dejar un legado.**

Ellos no solo formaron una familia, formaron generaciones.

Nos dieron raíces para no perder el camino, y alas para alcanzar nuestro propósito.

* * *

REFLEXIÓN FINAL DE OSVALDO XAVIER

"Hoy entiendo que mis padres nunca quisieron que fuera perfecto... querían que fuera real.

Que caminara con Dios aunque fuera lento, que me levantara aunque cayera, que creyera aunque dudara.

Su ejemplo me enseñó que la fe no se impone; se contagia.

Y si hoy sirvo a Dios, es porque ellos primero me mostraron con su vida quién es Él."

* * *

La voz de Yenismary

"Mi verdad como hija, discípula y heredera del legado familiar"

Mis padres siempre han sido mi mayor ejemplo de fuerza.

No han sido perfectos, pero han sido reales, transparentes y valientes en cada etapa de la vida.

Los he visto luchar por su familia, por la iglesia y por los sueños que Dios puso en su corazón, aun cuando nadie más creía.

Crecí observando cómo se levantaban después de cada batalla, cómo oraban cuando parecía que no había salida, y cómo seguían adelante aun con lágrimas en los ojos.

Eso me enseñó que la fe verdadera no solo se demuestra en los días fáciles, sino en todo los días de la vida.

Como hija, hubo momentos en los que fue complicado compartirlos con tantas personas.

A veces sentía que la iglesia los necesitaba más que nosotros, y aunque no siempre lo entendía, con el tiempo descubrí que su amor por Dios también era una manera de amarnos a nosotros.

Servían con pasión no por obligación, sino porque querían construir un legado que también sería nuestro.

Y aunque había días en los que deseaba tenerlos solo para mí, aprendí a valorar el ejemplo que marcaron no solo como pastores, sino como padres que aman profundamente.

¿Qué pienso de ellos como padres?

Pienso que son fuertes, resilientes, dedicados y llenos de amor.

Que nos enseñaron a no rendirnos, a trabajar, a creer, a soñar y a respetar a Dios por encima de todo.

Nos formaron con disciplina, pero también con ternura.

Nos corrigieron porque querían lo mejor para nosotros, y ahora entiendo que cada límite que pusieron fue parte de nuestro crecimiento.

Los admiro porque, a pesar de sus responsabilidades, siempre hicieron lo posible por estar presentes en nuestros momentos importantes, y aun cuando se equivocaron, tuvieron la humildad de enseñarnos que en la vida también se aprende pidiendo perdón.

¿Qué pienso de ellos como pastores?

Que viven lo que predican.

No es un rol que se ponen los domingos, sino una vida que reflejan todos los días.

Los he visto interceder, servir, cargar lágrimas ajenas, restaurar otros matrimonios, levantar familias, luchar por personas que otros habían abandonado.

Ese amor por las almas me enseñó que el llamado pastoral no se mide por aplausos, sino por sacrificio.

Ellos me enseñaron que servir a Dios es un honor y una responsabilidad, y que no importa cuán grande sea la carga, Su gracia siempre sostiene.

Gracias a ellos aprendí a servir, a ser valiente y a fortalecer mi propia relación con Dios.

No una relación basada en religión, reglas o apariencias, sino una fe viva, personal y profunda.

A su lado descubrí que Dios no busca hijos perfectos, sino corazones disponibles.

Hoy puedo decir, con todo mi corazón, que mis padres son uno de los regalos más grandes que Dios me dio.

No solo me dieron la vida, sino que me enseñaron cómo vivirla con propósito.

Todo lo que soy, y todo lo que estoy llegando a ser, está marcado por el amor, la fe y el ejemplo que ellos sembraron en mí.

REFLEXIÓN FINAL DE YENISMARY

"He aprendido que la verdadera herencia no son bienes materiales, sino la fe que se siembra con el ejemplo.

Mis padres me enseñaron a confiar en Dios aun cuando no entiendo Su plan, y a ser valiente aun cuando el camino se vuelve difícil.

Si hoy conozco a Dios de forma real, es porque ellos lo vivieron delante de mí.

Su legado me formó, su amor me sostuvo y su fe se convirtió también en la mía."

* * *

LA VOZ DE OSVALDO YARIEL

"Un corazón joven construyendo su propio legado"

¿Qué pienso de mis padres como padres y como pastores?

Para mí, mis padres siempre han sido un ejemplo de esfuerzo, disciplina y amor.

Crecí viéndolos levantarse todos los días para luchar por nosotros, por la iglesia y por cada proyecto que Dios puso en sus manos.

Ellos me enseñaron que no importa cuántas veces te caigas, siempre puedes levantarte, porque la fuerza no viene de uno mismo, sino de Dios.

Siempre he visto cómo se enfrentan a situaciones difíciles sin rendirse.

Hay cosas que otros no ven: las noches sin dormir, las preocupaciones, el cansancio físico y emocional.

Pero aun así, ellos siguen adelante, no solo como pastores sino como padres que siempre buscan lo mejor para sus hijos.

Como pastores, los admiro porque predican con la vida.

He visto cómo se mantienen firmes, cómo oran, cómo guían a la iglesia, cómo dan más allá de lo que tienen, y cómo aman a la gente de verdad.

A veces están cansados, pero nunca pierden su pasión por servir.

Y aunque a veces es raro verlos en ese rol —porque para mí siempre serán "mami y papi"— he aprendido a respetarlos también como mis líderes espirituales.

Como padres, tengo que decir que han hecho todo con amor.

A veces no entendía por qué nos corregían tanto o por qué eran tan estrictos.

Me irritaba escuchar comentarios como:

"¿Y tú no eres hijo de pastores?",

como si eso significara que no pudiera equivocarme o ser simplemente un joven normal.

Pero ahora entiendo que su corrección siempre fue un acto de amor, no de presión.

Ellos nunca me han exigido perfección, pero sí me enseñaron a tener carácter, identidad y valores.

Mis padres siempre han estado presentes.

No importa cuántas responsabilidades tengan: la iglesia, los negocios, las reuniones, los viajes...

Cuando uno de nosotros los necesita, ellos dejan todo para escucharnos.

Eso me marcó mucho.

Me hizo entender que la verdadera paternidad no está en decir "te amo", sino en demostrarlo con tiempo, paciencia y sacrificio.

De ellos aprendí a ser agradecido, a valorar lo que tengo y a entender que la vida no siempre es fácil, pero la fe siempre te sostiene.

Ellos me enseñaron que el legado no es una prédica, sino una forma de vivir.

Y aunque soy joven y sigo aprendiendo, sé que gracias a ellos tengo una base firme para enfrentar la vida.

Hoy puedo decir que mis padres no solo están dejando un legado para la iglesia o para la comunidad...

están dejando un legado en mí.

Un legado que me enseña a ser mejor hijo, mejor hombre, y eventualmente, mejor líder en lo que Dios quiera hacer conmigo.

Yo los amo, los respeto y los admiro.

Y aunque no siempre lo diga en voz alta, sé que Dios me bendijo con los padres perfectos para mí.

REFLEXIÓN FINAL DE YARIEL

"He aprendido que crecer en una familia pastoral no significa ser perfecto, sino ser real.

Dios trabaja conmigo en cada proceso, incluso en los que no entiendo.

Y aunque a veces me sienta juzgado o presionado, sé que tengo una familia que me ama, ora por mí y me guía.

Mi legado no comienza cuando sea adulto... mi legado ya empezó, porque todo lo que Dios está formando en mí, un día lo usaré para bendecir a otros."

* * *

LA VOZ DE ASHLEY RIVERA

"Una hija por promesa"

Llegar a esta familia fue algo que nunca imaginé, mucho menos planifiqué.

Todo comenzó con una amistad sencilla con Yenismary; una amistad sin expectativas, sin intenciones más allá de compartir momentos como jóvenes. Nunca imaginé que, años más tarde, esa conexión se convertiría en la puerta que Dios usaría para introducirme a una nueva temporada de mi vida: convertirme en parte de la familia Rivera-Rodríguez.

Conocer a Osvaldo Xavier, quien hoy es mi esposo, fue parte de ese plan perfecto que solo Dios sabe construir. Él entrelaza caminos cuando menos lo esperamos, y lo hace de manera tan precisa que, al mirar atrás, no queda duda de que fue Su mano guiándonos. Nuestro amor no fue casualidad; fue propósito. Fue Dios mostrándonos que cuando dejamos que Él dirija cada paso, el amor no solo emociona, sino que edifica, madura y prepara para el futuro.

Desde el primer día en que entré a esta familia, me sentí amada, respetada y valorada. Mis suegros, los pastores Osvaldo y María Isabel, me recibieron como si siempre hubiera pertenecido aquí. No me pidieron que cambiara para encajar; me abrazaron tal como soy. A través de ellos he visto lo que significa ser una verdadera familia de fe: trabajar con excelencia, servir con humildad y amar sin límites.

Son líderes espirituales, sí, pero antes que eso, son padres llenos de ternura, sabiduría, paciencia y un amor que da ejemplo en lo público y en lo privado.

Admiro profundamente su fortaleza. He visto cómo enfrentan batallas espirituales, desafíos ministeriales y presiones personales sin perder la fe ni la sonrisa. Me inspiran porque sirven a Dios con un compromiso real, no por obligación, sino por convicción. Son constantes, íntegros y apasionados. Ellos me han enseñado que el ministerio no es solo hablar de Dios, sino reflejarlo diariamente en cada decisión, cada sacrificio y cada acto de amor.

Ser parte de esta familia me ha transformado. He crecido como mujer, como esposa y como hija espiritual. Me han enseñado a valorar el matrimonio como un pacto sagrado y a ver la familia como un terreno fértil donde se siembra identidad, honra y propósito. Me inspiran a construir, junto a mi esposo, un legado propio que honre a Dios y a las generaciones que vendrán.

> *"Y todo lo que hagáis, hacedlo de corazón, como para el Señor y no para los hombres."*
>
> *(Colosenses 3:23)*

Siento que Dios me trajo aquí con un propósito claro.

Me ha permitido ver de cerca la integridad de esta familia, su amor por la obra, su pasión por las almas, y su determinación de crecer y avanzar sin importar los obstáculos. Cada historia, cada proyecto y cada paso que dan me recuerdan que el legado no se construye con palabras, sino con vida.

Hoy puedo decir con certeza que no solo me uní a una familia...

Me uní a una misión.

A un sueño que trasciende generaciones, a un llamado que inspira, a una visión que guía.

Y me honra profundamente ser parte de este hermoso legado que lleva el nombre de Dios en cada detalle.

Reflexión final de Ashley Rivera

"El verdadero amor de familia no se define por la sangre, sino por el propósito que compartimos."

"Dios no solo me dio un esposo; me regaló una familia que me enseña a amar mejor, creer más profundo y servir con excelencia."

"Sé que este legado apenas comienza, y me alegra ser parte del capítulo que Dios está escribiendo en esta casa."

LA VOZ DE ERICK J. CABAN (NUESTRO YERNO)

"Un yerno, un hijo, un legado en formación"

Crecí en un hogar cristiano donde la fe era parte natural de la vida cotidiana. Mis padres no solo hablaban de Dios, sino que lo vivían en todo lo que hacían. Orábamos juntos, íbamos a la iglesia con frecuencia y aprendíamos a confiar en el Señor tanto en los buenos como en los malos momentos. Desde niño, vi cómo mis padres dependían completamente de Dios, incluso en las épocas más difíciles, y esa constancia marcó mi vida. Comprendí que la fe no es algo que se hereda, sino que se cultiva; no basta con creer en Dios, hay que creerle a Dios. Recuerdo una temporada complicada en casa, en la que, a pesar de las limitaciones, mis padres siguieron diezmando y sirviendo. En medio de esa prueba, vi milagros que solo podían venir del cielo. Fue entonces cuando entendí que la verdadera fe no busca lógica, busca confianza. Desde ese momento supe que quería vivir mi vida sirviendo a Dios y reflejando la fidelidad que mis padres me enseñaron.

Conocer a la familia Rivera Rodríguez fue algo inesperado. No estaba buscando relaciones ni amistades nuevas, pero Dios siempre tiene planes diferentes a los nuestros. Desde el primer día me sentí bien recibido, sin presiones ni apariencias. Era evidente que no se trataba de una familia religiosa, sino de una familia que ama a Dios de manera genuina, con sus virtudes y sus procesos. Entrar a una familia pastoral fue una transición natural, pero profundamente formativa. Aprendí que ser parte de una familia que lidera ministerialmente implica compromiso, ejemplo y humildad. He aprendido de mis suegros que servir bajo autoridad no te hace menos, sino más sabio. Observar cómo equilibran su vida pastoral, familiar y empresarial me ha inspirado a ser más intencional, más agradecido y más fiel en todo lo que hago.

Para mí, el concepto de Una Familia, Un Legado representa exactamente eso: la unión de corazones y propósitos con el fin de dejar huellas que trasciendan generaciones. No se trata solo de lo que recibimos, sino de lo que construimos juntos para el futuro. En esta familia, cada proyecto, cada oración y cada acto de servicio se convierten en semillas de un legado eterno.

Mi relación con mi esposa, Yenismary, ha sido una gran bendición y también una escuela de crecimiento. No somos perfectos, pero aprendemos cada día a amarnos como Dios manda: con paciencia, respeto y propósito. Ella me inspira constantemente con su fuerza y su fe. Juntos hemos entendido que nuestro matrimonio también es parte del legado que Dios está edificando en esta familia. En cuanto a mi cuñado, Osvaldo Xavier, más que un cuñado, lo considero mi hermano y mi mejor amigo. Desde el principio tuvimos una conexión sincera, compartimos la pasión por la música y la visión de servir a Dios con excelencia. Nos apoyamos, nos corregimos y nos motivamos mutuamente a seguir creciendo.

Mi pasión por la música nació desde pequeño. Crecí viendo a mi hermano mayor servir en un grupo musical cristiano y descubrí el poder transformador que tiene la adoración. Hoy, servir en el ministerio musical me permite conectar con Dios de una manera única. El bajo se ha convertido en mi instrumento principal, no solo por su sonido, sino por la conexión espiritual que me permite tener mientras toco. Cada nota, cada canción, cada momento de adoración es una oportunidad para acercar a otros al corazón de Dios. Y aunque la música es mi mayor pasión, también siento un fuerte llamado a acompañar y aconsejar a otros jóvenes, especialmente aquellos que están comenzando su camino en la fe o el ministerio. Creo que Dios nos permite vivir procesos no solo para superarlos, sino para ayudar a otros a hacerlo también.

Ser parte de una familia pastoral me ha permitido ver de cerca los retos y la belleza del liderazgo espiritual. Vivimos en tiempos donde muchos buscan autenticidad, y eso es algo que valoro profundamente. Sin embargo, también reconozco que en esa búsqueda, algunos pierden la esencia de la verdad bíblica. He aprendido que los límites que Dios establece no son cadenas, sino protección. Son recordatorios de Su amor y Su deseo de guiarnos hacia lo mejor.

A veces las personas piensan que estar en una familia pastoral significa vivir bajo una lupa, y en parte es cierto. He enfrentado críticas, juicios y malentendidos, pero aprendí a no dejar que eso robe mi paz. Escucho, reflexiono y dejó que solo lo que edifica permanezca. Servir con integridad es la mejor respuesta.

Dios me ha enseñado que todo ocurre en su tiempo. Nada es casualidad. Llegar a esta familia fue parte de su plan, un paso más hacia mi propósito. Aquí he aprendido sobre paciencia, honra y perseverancia. También he aprendido que el amor verdadero no se impone, se demuestra. Si tuviera que dejar un consejo a los jóvenes que comienzan su vida en la fe o el matrimonio dentro del ministerio, les diría que pongan a Dios en primer lugar en todo. Que escuchen los consejos de quienes los aman y que recuerden que las promesas de Dios siempre se cumplen cuando hay obediencia.

Hoy, más que un yerno, me siento parte de un legado. Esta familia me ha enseñado que no se trata solo de lo que hacemos, sino de cómo lo hacemos. Que servir es amar, y amar es dejar huellas. Mi vida y mi fe están definidas por una verdad que llevo grabada en el corazón:

"Porque por fe andamos, no por vista."

(Corintio 5:7)

Y si algo he aprendido, es que cuando se camina por fe, cada paso, cada proceso y cada victoria se convierten en parte del propósito eterno de Dios.

REFLEXIÓN FINAL DE ERICK J. CABAN

"Ser parte de esta familia me enseñó que el legado no se hereda por apellido, sino por convicción.

Aprendí que servir a Dios no es un título, es un estilo de vida; y que el propósito no se descubre en los momentos perfectos, sino en los procesos que Dios permite para formar nuestro carácter.

Entendí que la fe no es caminar viendo todos los detalles, sino confiar cuando Dios solo te muestra un paso a la vez.

Reflexión final: Padres, pastores y mundo

Ser padres y pastores es un equilibrio que solo la gracia de Dios puede sostener.

Hemos aprendido que el ministerio comienza en casa, que los primeros discípulos son nuestros hijos, y que el mayor testimonio no es el púlpito, sino la familia.

Nuestros hijos nos han visto fuertes y también vulnerables.

Nos han visto reír, llorar, soñar y esperar.

Pero sobre todo, **nos han visto amar**, y ese amor ha sido el puente que ha sostenido nuestra relación con ellos.

"No tenemos un ministerio perfecto, pero tenemos un amor real."

Ser pastores no nos exime de los errores, pero nos invita a ser ejemplo incluso en la restauración.

Ser padres no siempre nos hace comprenderlo todo, pero sí nos da la oportunidad de reflejar el corazón del Padre celestial.

Hoy, mirando a nuestros hijos, podemos decir con certeza que **valió la pena**.

Cada sacrificio, cada noche de oración, cada enseñanza...

Porque verlos amar a Dios, respetarnos, perdonar y seguir su propósito, es la prueba de que el legado está vivo.

"Y pondré mi espíritu dentro de vosotros, y haré que andéis en mis estatutos."

(Ezequiel 36:27)

13
UNA FAMILIA, UN LEGADO

"Cuando una familia decide caminar bajo el propósito de Dios, deja huellas que el tiempo no borra."

A lo largo de los años, hemos aprendido que la familia no es una casualidad, sino un diseño divino.

Dios nos unió con un propósito: ser reflejo de Su amor en la tierra.

Y cuando una familia decide servir unida, amar sin condiciones y permanecer firme a pesar de las pruebas, esa familia se convierte en un legado.

Hemos tenido días difíciles, lágrimas, desacuerdos y silencios.

Pero en cada etapa, hemos visto la mano de Dios levantar lo que el enemigo intentó destruir.

Hoy entendemos que cada proceso fue necesario para moldear nuestro carácter y para recordar que el legado no se construye en la comodidad, sino en la constancia.

El significado de "Una familia, un legado"

"Una familia" representa el amor, la unión y la sangre que nos conecta.

"Un legado" representa la fe, los valores y la semilla espiritual que decidimos dejar a quienes vienen detrás.

Nuestro apellido no es solo un nombre; es una historia.

Cada sacrificio, cada oración, cada proyecto, cada libro y cada palabra sembrada forma parte de esa herencia que algún día otros continuarán.

Este legado no se trata de riquezas materiales, sino de fe, servicio y testimonio.

Queremos que nuestros hijos, nietos y generaciones futuras puedan decir con orgullo:

"Ellos creyeron, trabajaron y permanecieron fieles."

* * *

La fuerza detrás del legado

Dios no solo nos llamó como individuos, sino como familia.

Nos enseñó que no hay poder más grande que el de una casa unida bajo Su propósito.

Cuando los padres oran, los hijos escuchan; cuando los hijos sirven, el Reino crece; y cuando el amor gobierna, el legado florece.

> *"Si Jehová no edificare la casa, en vano trabajan los que la edifican."(Salmo 127:1)*

Cada empresa, cada ministerio, cada paso que hemos dado ha sido con un solo fin: glorificar a Dios y edificar vidas.

No solo queremos dejar recuerdos, queremos dejar herramientas, principios y fe viva para las próximas generaciones.

* * *

Lo que deja una familia que sirve a Dios

Una familia que sirve unida deja tres cosas que perduran:

1. Ejemplo.
2. Las palabras se olvidan, pero el testimonio permanece.
3. No hay enseñanza más poderosa que la coherencia entre lo que decimos y lo que vivimos.
4. Fe.
5. Las generaciones futuras encontrarán su fortaleza en las promesas que proclamamos hoy.
6. Cada oración levantada y cada semilla sembrada son parte de un futuro lleno de esperanza.
7. Amor.
8. Porque el amor es el lenguaje eterno del Reino.
9. Una familia que ama no se destruye; se transforma, se perdona y sigue avanzando.

Nuestra declaración

Hoy declaramos que somos una familia, un legado.

Una familia que ha decidido creer aun cuando el camino parece incierto.

Un legado que no se mide en títulos, logros o números, sino en corazones tocados, vidas cambiadas y generaciones alcanzadas.

" Y pondré mi pacto entre mí y ti, y te multiplicaré en gran manera."

(Génesis 17:2)

Cada capítulo de nuestra historia, cada lágrima y cada risa forman parte de un mismo propósito: dejar huellas imborrables del amor de Dios.

Reflexión final

Una familia, un legado no es solo el título de este libro;

es una verdad que vivimos cada día.

Porque el legado no se cuenta con palabras, se demuestra con acciones.

Y si algún día alguien recuerda nuestro nombre, queremos que lo haga no por lo que tuvimos, sino por cómo amamos, cómo servimos y cómo creímos.

"*Mas yo y mi casa serviremos a Jehová.*"

(Josué 24:15)

EPÍLOGO

"Un legado que continúa…"

Cuando este libro llegó a su última página, entendimos que lo escrito aquí no es un cierre, sino un comienzo.

Porque una familia que camina con Dios no termina su historia… la extiende.

Cada capítulo, cada testimonio y cada voz compartida no solo cuenta lo que hemos sido, sino lo que estamos en camino a ser.

Nuestra familia no es perfecta.

Somos reales.

Hemos llorado, hemos reído, hemos sanado, hemos caído y Dios mismo nos ha levantado una y otra vez.

Y en cada proceso aprendimos que el legado no se construye en los días de gloria, sino en los días donde decidimos seguir adelante aun cuando duele, aun cuando no entendemos, aun cuando el mundo dice que no se puede.

Este libro recoge la verdad más poderosa que hemos aprendido:

la familia es el primer ministerio y el último que permanece.

Las iglesias cambian, los tiempos cambian, las temporadas cambian...

pero la familia es la siembra que Dios nos entregó para multiplicar propósito, fe y amor a través de generaciones.

En estas páginas quedan plasmadas las voces de nuestros hijos —Osvaldo Xavier, Yenismary y Osvaldo Yariel— voces sinceras, vulnerables, transparentes, que revelan no solo lo que vivieron, sino quiénes están llegando a ser.

También se alza la voz de nuestros yernos, Erick y Ashley, quienes llegaron no por casualidad, sino por promesa divina, convirtiéndose en herederos y portadores del mismo legado espiritual que Dios nos permitió iniciar.

Si algo deseamos que este libro deje grabado en cada lector es esto:

El legado no es un apellido.

Es una vida entregada a Dios.

Es servir con integridad.

Es amar sin condiciones.

Es permanecer cuando otros se van.

Es levantar cuando otros caen.

Es creer aun cuando parece imposible.

Nuestra oración es que cada familia que lea estas páginas pueda verse reflejada, pueda sanar, pueda unirse, pueda volver a soñar y pueda construir el legado que Dios diseñó para ellos desde antes de nacer.

Porque un legado no termina con nosotros...

apenas comienza.

Y mientras sigamos caminando juntos—como familia, como iglesia, como hijos y siervos de Dios—sabemos que lo que viene será mayor que lo que hemos vivido.

Porque en esta casa creemos una verdad inquebrantable:

"Yo y mi casa serviremos a Jehová."

(Josué 24:15)

Que cada palabra escrita aquí sea semilla, guía y recordatorio de que Dios honra a quienes lo honran, y que la familia, cuando permanece en Su presencia, se convierte en un testimonio vivo del cielo en la tierra.

Este no es el final.

Es la continuidad de un legado que trasciende, que inspira, que transforma.

Un legado que, por la gracia de Dios...

apenas está comenzando.

Pastores Osvaldo y María Isabel Rodríguez

Iglesia El Legado

AGRADECIMIENTO

A Dios, nuestro Padre celestial, quien ha sido la fuente, la fuerza y la guía en cada paso de nuestra historia.

Todo lo que somos, lo que hemos construido y lo que aún está por venir, pertenece a Él.

Cada victoria, cada proceso y cada aprendizaje han sido parte de Su propósito perfecto.

A nuestros hijos —Osvaldo Xavier, Yenismary y Osvaldo Yariel— gracias por ser nuestra mayor motivación y nuestro mayor regalo.

Este legado existe porque ustedes existen.

Gracias por su honestidad, su amor, su paciencia y por caminar con nosotros aun en las temporadas más difíciles.

Su voz, sus experiencias y su fe son parte de este libro, y también de nuestra historia eterna como familia.

A nuestros hijos por promesa —Erick J. Caban y Ashley Rivera— gracias por abrazar no solo nuestro apellido, sino también nuestro corazón.

Por su honor, su lealtad y su disposición para crecer junto a nosotros.

Son parte de este legado no por obligación, sino por diseño divino.

A la Iglesia El Legado, nuestra casa espiritual y familia extendida, gracias por creer, por caminar, por luchar y por construir con nosotros.

Cada uno de ustedes ha sido parte de nuestro crecimiento, de nuestra formación y de nuestro compromiso de servir a Dios con excelencia.

El fruto de este libro también les pertenece.

A todos aquellos que han orado, sembrado, apoyado, aconsejado o extendido su mano en momentos de necesidad:

Gracias.

Su amor ha dejado huellas que jamás olvidaremos.

A nuestras familias extendidas, amigos del alma, mentores y compañeros de guerra espiritual, gracias por estar presentes en tiempos de celebración y también en tiempos de lágrimas.

Su presencia ha sido un regalo del cielo.

Finalmente, agradecemos a cada lector.

Gracias por abrir su corazón a nuestra historia y permitir que este libro llegue a sus manos.

Oramos que cada palabra sembrada aquí dé fruto abundante en su vida y en su familia.

Que Dios use estas páginas para sanar, inspirar, restaurar y levantar generaciones que vivan para Su gloria.

Con amor, gratitud y la certeza de que el legado apenas comienza...

Pastores Osvaldo y María Isabel Rodríguez

Una Familia. Un Propósito. Un Legado.

* * *

PARTICIPANTES DE ESTE LEGADO

"Una familia, una historia, un propósito"

Este libro fue escrito desde el corazón de una familia unida por la fe, procesada por la gracia y fortalecida por el propósito.

Cada uno de los que aquí aparecen ha sido pieza fundamental en la historia, en las reflexiones, en los testimonios y en la construcción del mensaje que deseamos dejar a las futuras generaciones.

Con amor, gratitud y honra, reconocemos a quienes forman parte de este legado:

Matrimonio pastoral y autores principales

Ps. María Isabel Rodríguez

Autora principal, pastora, madre, mentora y fundadora del ministerio Iglesia El Legado y del Centro Educativo Legacy Kingdom.

Su visión, testimonio y palabra profética dieron forma a cada capítulo de esta obra.

Pr. Osvaldo Rivera

Coautor, esposo, padre y pastor. Su sabiduría, ejemplo y corazón servicial han sido columna espiritual en el hogar y en el ministerio.

Hijos del legado

Osvaldo Xavier Rivera Rodríguez

Hijo mayor, músico, adorador y líder en formación. Su sensibilidad espiritual y su pasión por la alabanza representan la voz de una nueva generación de fe.

Yenismary Rivera Caban

Hija del propósito, líder de danza y directora en una de las empresas familiares. Su historia de superación y su madurez espiritual inspiran a jóvenes y mujeres a creer en su llamado.

Osvaldo Yariel Rivera Rodríguez

El más joven del hogar, lleno de energía, autenticidad y un corazón pastoral en desarrollo. Su historia refleja la esperanza de un Dios que sigue formando líderes desde la infancia.

Hijos por amor

Erick J. Caban

Esposo de Yenismary, ministro de adoración, músico y líder con un corazón de siervo. Su entrega, madurez y pasión por el Reino son parte vital de este legado familiar.

Ashley Rivera

Esposa de Osvaldo Xavier, mujer de fe, dulzura y servicio. Su alegría y amor por la familia reflejan el espíritu de unidad y compromiso que sostiene esta casa.

Palabras finales

"Una familia unida por la fe no se define por los apellidos que lleva,

sino por el propósito que comparte.

Cada uno de nosotros, con nuestras virtudes, luchas y sueños,

somos parte de una historia que Dios sigue escribiendo con amor."

Familia Rivera Rodríguez

Una familia, un legado, un propósito eterno.

www.ingramcontent.com/pod-product-compliance
Lightning Source LLC
Chambersburg PA
CBHW060535100426
42743CB00009B/1539